일본 초등학생들이 배우는

일본어 漢字 터잡기

초중급편
일본 소학교
4~6학년 한자

이수길 지음

동양북스

일본 초등학생들이 배우는

일본어 漢字 터잡기 초중급편

초판 9쇄 | 2020년 4월 5일

지은이 | 이수길
발행인 | 김태웅
편집장 | 강석기
책임 편집 | 길혜진, 이선민
디자인 | 정혜미, 남은혜
마케팅 | 나재승
제　작 | 현대순

발행처 | ㈜동양북스
등　록 | 제 2014-000055호
주　소 | 서울시 마포구 동교로22길 14 (04030)
구입 문의 | 전화 (02)337-1737　팩스 (02)334-6624
내용 문의 | 전화 (02)337-1762　dybooks2@gmail.com

ISBN 89-8300-474-6 03730

책을 내면서

대부분의 일본어 학습자가 공부를 하면서 가장 어려움을 느끼는 것이 바로 한자입니다. 이러한 현상은 교양으로만 배우는 학습자에게만 국한된 것이 아니고 전공으로 배우는 학습자에게도 일맥상통 하는 일로, 학습자의 80% 이상은 일본어학습에서 한자가 가장 난점이라고 서슴지 않고 말합니다. 일본어가 한국어와 어순이 유사하다는 점은 학습자들에게 쉽다는 느낌을 주지만, 한편으로 한자의 벽을 깨지 못하면 일본어가 어렵다는 인식이 일본어 학습 발전을 저해하는 요소로 작용하고 있는 것도 부정할 수 없는 안타까운 일입니다.

일본에서 초 중학교 때부터 한자교육을 실시하고 있다는 것은 이미 알려져 있는 사실입니다. 일본 현지에서 상용한자로 활용되는 한자는 1006자입니다. 그야말로 천자문인데, 상용한자의 절반 이상을 초등학교에서 학습을 마치고 활용하는 셈입니다. 1학년에서 6학년까지 순서대로 한자검정시험에 준하는 급수별로 배우게 되며,1006자의 한자에는 명사로 활용되는 한자도 많지만 형용사와 동사로 활용되는 한자도 상당수 속해 있어, 수준 높은 단계라고 할 수 있습니다.

필자는 이러한 일본 초등학교에서 학습하는 천자문으로 일본어 학습자들의 난점을 해소시키고, 일본어학습 발전에 극대화를 꾀할 수 있는 일본어 한자 학습의 새로운 방법론을 제시하고자 출판을 하게 되었습니다. 일본 초등학생들이 배우고 익히는 한자를 정복한다는 것은 일본어의 질을 향상시키고 어렵다고 느껴지는 한자의 벽을 깰 수 있는 일입니다. 또한 자신의 일본어 실력을 판단할 수 있는 계기도 되고 일본어 능력시험 외의 한자공부도 겸할 수 있어서 일석이조의 효과를 얻을 수 있습니다.

일본어를 좋아하고 재미있게 공부하고 싶은 학습자 모두에게 본서가 일본어 한자의 벽을 통쾌하게 무너뜨리는 데 일조할 수 있기를 기대합니다.

저자 이 수 길

차례

이 책의 구성 및 학습 요령

1. 일본 초등학교 천자문을 한 눈으로 확인한다.

　　일본에서 초등학생들이 6년 동안 익히는 한자는 1006자이다. 상용한자의 1945자 중에서 절반 이상은 초등학교에서 배우게 되는 셈이다. 또한 일본어 한자검정시험에서는 1급에서 10급까지 수준별로 나누어진다. 6학년까지의 한자는 일본어 한자검정시험의 6급에 해당된다.

　　그러한 의미에서도 일본 초등학교에서 배우는 1학년에서 6학년까지의 한자를 학년별로 표에서 확인하는 것만으로도 자극적 효과를 유발할 수 있게 된다.

2. 일본 초등학교 천자문과 나의 실력을 비교 체크한다.

　　일본어를 전공으로 공부했든 자기개발 차원에서 했든 현시점에서 일본 초등학생들이 배우는 천자문 중 자신이 알고 있는 한자가 얼마나 되는가를 체크해보는 것은 의미 있는 일이다.

　　학년별로 아는 한자와 모르는 한자를 체크박스에 표시하고 종합적으로 계산해, 1006자 중에서 몇 자를 알고 있는지 자신의 실력을 점검해 본다.

3. 순서대로 학년별 한자를 익힌다.

　　한자를 눈으로 확인한다.

　　음독과 훈독을 읽어본다.

　　뜻을 확인한다.

　　획순을 확인한다.

　　한자의 사용 예를 확인하고 암기한다.

　　한자를 직접 필순에 따라서 써 본다.

소학교 1~3학년생 한자와 나의 한자 실력 비교

총 440자

1학년이 배우는 한자

一	二	三	四	五	六	七	八	九	十	日	月
(한)일	(두)이	(석)삼	(넉)사	(다섯)오	(여섯)육	(일곱)칠	(여덟)팔	(아홉)구	(열)십	(해/날)일	(달)월
火	水	木	金	土	大	中	小	白	赤	青	上
(불)화	(물)수	(나무)목	(쇠)금	(흙)토	(큰)대	(가운데)중	(작을)소	(흰)백	(붉을)적	(푸를)청	(윗)상
下	左	右	円	玉	百	千	森	林	山	川	天
(아래)하	(왼쪽)좌	(오른쪽)우	(둥글)원	(구슬)옥	(일백)백	(일천)천	(숲)삼	(수풀)림	(뫼)산	(내)천	(하늘)천
石	空	気	雨	夕	犬	虫	貝	竹	花	草	耳
(돌)석	(빌)공	(기운)기	(비)우	(저녁)석	(개)견	(벌레)충	(조개)패	(대)죽	(꽃)화	(풀)초	(귀)이
目	手	足	口	出	入	立	休	見	男	女	人
(눈)목	(손)수	(발)족	(입)구	(날)출	(들)입	(설)립	(쉴)휴	(볼)견	(사내)남	(계집)녀	(사람)인
名	王	子	田	町	村	学	校	本	先	生	文
(이름)명	(임금)왕	(아들)자	(밭)전	(밭두둑)정	(마을)촌	(배울)학	(학교)교	(근본)본	(먼저)선	(낳을/살)생	(글월)문
正	字	年	力	糸	早	車	音				
(바를)정	(글자)자	(해/나이)년	(힘)력	(실)사	(이를)조	(수레)차	(소리)음				

나의 실력 [한자 총수: 80자] [아는 한자: 자] [모르는 한자: 자]

2학년이 배우는 한자

東	西	南	北	方	角	市	場	会	社	公	園
(동녘)동	(서녘)서	(남녘)남	(북녘)북	(모)방	(뿔)각	(저자)시	(마당)장	(만날)회	(모일)사	(공변될)공	(동산)원

寺	交	毎	週	朝	昼	夜	時	曜	半	強	弱
(절)사	(사귈/섞일)교	(매양)매	(두루)주	(아침)조	(낮)주	(밤)야	(때)시	(빛날)요	(절반)반	(강할)강	(약할)약
遠	近	古	今	内	外	前	後	多	少	京	里
(멀)원	(가까울)근	(옛)고	(이제)금	(안)내	(바깥)외	(앞)전	(뒤)후	(많을)다	(적을)소	(서울)경	(마을)리
牛	馬	漁	鳥	鳴	止	行	走	来	歩	帰	春
(소)우	(말)마	(고기잡을)어	(새)조	(울)명	(그칠)지	(갈/행할)행	(달릴)주	(올)래	(걸을)보	(돌아갈)귀	(봄)춘
夏	秋	冬	太	広	池	谷	岩	星	風	海	高
(여름)하	(가을)추	(겨울)동	(클)태	(넓을)광	(못)지	(골짜기)곡	(바위)암	(별)성	(바람)풍	(바다)해	(높을)고
原	雪	野	黄	雲	顔	色	心	首	体	頭	父
(근원)원	(눈)설	(들)야	(누를)황	(구름)운	(얼굴)안	(빛)색	(마음)심	(머리/목)수	(몸)체	(머리)두	(아비)부
母	兄	弟	親	友	店	長	姉	妹	自	分	切
(어미)모	(형)형	(아우)제	(친할)친	(벗)우	(가게)점	(길)장	(손위누이)자	(손아래누이)매	(스스로)자	(나눌)분	(끊을/모두)절/체
肉	米	麦	食	茶	道	絵	画	言	語	教	室
(고기)육	(쌀)미	(보리)맥	(먹을)식	(차)다	(길)도	(그림)회	(그림/가를)화/획	(말씀)언	(말씀)어	(가르칠)교	(집)실
工	作	計	算	点	数	読	書	科	黒	答	線
(장인)공	(지을)작	(셈할)계	(셈할)산	(점)점	(셈할)수	(읽을)독	(글)서	(품등)과	(검을)흑	(대답할)답	(실)선
新	聞	番	組	歌	声	楽	売	買	門	戸	弓
(새)신	(들을)문	(차례)번	(끈)조	(노래)가	(소리)성	(즐길)락	(팔)매	(살)매	(문)문	(집)호	(활)궁
矢	汽	船	台	光	紙	地	図	電	話	羽	毛
(화살)시	(김)기	(배)선	(토대)대	(빛)광	(종이)지	(땅)지	(그림)도	(전기)전	(이야기)화	(깃)우	(털)모
丸	形	刀	万	才	引	午	元	用	考	当	同
(둥글)환	(모양)형	(칼)도	(일만)만	(재주)재	(당길)인	(낮)오	(근원)원	(쓸)용	(상고할)고	(마땅할)당	(한가지)동

知	合	回	何	明	直	国	思	活	家	記	通
(알)지	(합할)합	(돌아올)회	(어찌)하	(밝을)명	(곧을)직	(나라)국	(생각할)사	(살)활	(집)가	(적을)기	(통할)통

理	細	間	晴
(다스릴)리	(가늘)세	(사이)간	(맑을)청

나의 실력　　[한자 총수: 160자]　　[아는 한자:　　자]　　[모르는 한자:　　자]

3학년이 배우는 한자

反	対	軽	重	寒	暑	去	返	助	拾	持	起
(돌이킬)반	(마주볼)대	(가벼울)경	(무거울)중	(찰)한	(더울)서	(갈)거	(돌아올)반	(도울)조	(주울)습	(가질)지	(일어날)기
開	登	落	神	宮	写	真	湖	岸	旅	館	期
(열)개	(오를)등	(떨어질)락	(귀신)신	(대궐)궁	(베낄)사	(참)진	(호수)호	(언덕)안	(여행할)여	(객사)관	(기약할)기
待	消	息	終	着	駅	始	発	病	院	流	血
(기다릴)대	(사라질)소	(숨쉴)식	(끝)종	(입을)착	(역말)역	(처음)시	(필)발	(병들)병	(집)원	(흐를)류	(피)혈
医	者	薬	局	指	全	身	皮	歯	鼻	遊	泳
(의원)의	(놈)자	(약)약	(판)국	(손가락)지	(온통)전	(몸)신	(가죽)피	(이)치	(코)비	(놀)유	(수영할)영
有	急	速	短	温	暗	安	打	練	習	勝	負
(있을)유	(급할)급	(빠를)속	(짧을)단	(따뜻할)온	(어두울)암	(편안할)안	(칠)타	(익힐)연	(익힐)습	(이길)승	(질)부
投	球	曲	次	運	幸	福	感	動	悲	役	苦
(던질)투	(공)구	(굽을)곡	(버금)차	(나를)운	(다행)행	(복)복	(감동할)감	(움직일)동	(슬퍼할)비	(부릴)역	(쓸)고
美	想	列	島	化	永	油	波	炭	畑	根	深
(아름다울)미	(생각할)상	(줄/벌일)열/렬	(섬)도	(될)화	(얼음)빙	(기름)유	(파도)파	(숯)탄	(화전)전	(뿌리)근	(깊을)심

植	陽	葉	農	緑	受	取	物	品	配	送	商
(심을)식	(볕)양	(잎)엽	(농사)농	(초록빛)록	(받을)수	(취할)취	(만물)물	(물건)품	(짝)배	(보낼)송	(장사)상
業	庫	荷	箱	鉄	橋	乗	客	笛	港	横	住
(업)업	(곳집)고	(짐)하	(상자)상	(쇠)철	(다리)교	(탈)승	(손님)객	(피리)적	(항구)항	(가로)횡	(살)주
所	丁	区	州	県	庭	族	仕	事	進	路	転
(바)소	(넷째천간)정	(구역)구	(고을)주	(고을)현	(뜰)정	(겨레)족	(섬길)사	(일)사	(나아갈)진	(길)로	(구를)전
向	研	究	相	談	係	宿	題	詩	集	意	味
(향할)향	(갈)연	(궁구할)구	(서로)상	(말씀)담	(걸릴)계	(묵을)숙	(제목)제	(시)시	(모을)집	(뜻)의	(맛)미
委	員	勉	問	章	第	漢	君	主	平	等	追
(맡길)위	(관원)원	(힘쓸)면	(물을)문	(글)장	(차례)제	(한나라)한	(임금)군	(주인)주	(평평할)평	(무리)등	(쫓을)추
放	礼	式	守	昔	祭	飲	酒	部	屋	皿	豆
(놓을)방	(예도)례	(법)식	(지킬)수	(옛)석	(제사)제	(마실)음	(술)주	(나눌)부	(집)옥	(접시)명	(콩)두
具	服	注	柱	帳	階	童	湯	銀	予	代	申
(갖출)구	(옷)복	(흐를)주	(기둥)주	(휘장)장	(층계)계	(아이)동	(끓일)탕	(은)은	(미리)예	(대신할)대	(아뢸)신
世	由	央	他	呼	両	死	羊	決	命	使	坂
(세상)세	(말미암을)유	(가운데)앙	(남)타	(부를)호	(두)량	(죽을)사	(양)양	(정할)결	(목숨)명	(부릴)사	(비탈)판
実	育	定	板	表	和	界	級	度	面	昭	洋
(열매)실	(기를)육	(정할)정	(널빤지)판	(겉)표	(화목할)화	(경계)계	(등급)급	(법)도	(낯)면	(밝힐)소	(큰바다)양
秒	倍	都	悪	筆	様	調	整				
(초)초	(배)배	(도읍)도	(나쁠)악	(붓)필	(모양)양	(고를)조	(가지런할)정				

나의 실력　[한자 총수: 200자]　[아는 한자:　자]　[모르는 한자:　자]

소학교 4~6학년생 한자와 나의 한자 실력 비교

총 566자

4학년이 배우는 한자

士	欠	夫	不	氏	加	功	今	末	未	民	辺
(선비)사	어지러질(결)	(지아비)부	(아닐)부/불	(성씨)성	(더할)가	(공)공	(하여금)령	(끝)말	(아닐)미	(백성)민	(가)변
付	司	史	失	以	札	包	必	各	共	灯	老
(부칠)부	(맡을)사	(사기)사	(잃을)실	(써)이	(편지)찰	(쌀)포	(반드시)필	(각각)각	(한가지)공	(등)등	(늙을)로
成	衣	印	争	伝	兆	仲	好	改	告	求	努
(이룰)성	(옷)의	(도장)인	(다툴)쟁	(전할)전	(억조)조	(버금)중	(좋을)호	(고칠)개	(고할)고	(구할)구	(힘쓸)노
冷	良	労	利	別	兵	束	臣	児	芸	完	囲
(찰)랭	(어질)량	(일할)로	(이할)리	(다를/나눌)별	(병사)병	(묶을)속	(신하)신	(아이)아	(재주)예	(완전할)완	(두를)위
位	材	低	折	初	希	径	季	固	果	官	念
(자리)위	(재목)제	(낮을)저	(꺾을)절	(처음)초	(바랄/드물)회	(지름길/길)경	(계절)계	(굳을)고	(실과)과	(벼슬)관	(생각)념
牧	毒	列	法	府	松	刷	芽	英	泣	底	的
칠(목)	(독)독	(법식)례	(법)법	(마을)부	(소나무)송	(쓸)쇄	(싹)아	(꽃부리)영	(울)읍	(밑)저	(과녁)적
典	卒	周	参	治	協	建	軍	紀	単	変	飛
법(전)	(마칠)졸	(두루)주	(참여할)참	(다스릴)치	(화할)협	(세울)건	(군사)군	(벼리)기	(홑)단	(변할)변	(날)비
省	信	約	栄	要	勇	胃	昨	便	浅	祝	形
(살필)성/(덜)생	(믿을)신	(대략)약	(영화)영	(요긴할)요	날랠(용)	(밥통)위	(어제)작	(편할)편/똥오줌)변	(얕을)천	(빌)축	(모형)형
挙	郡	帯	徒	連	寮	梅	脈	粉	殺	席	笑
(들)거	(고을)군	(띠)대	(무리)도	(이을)련	(헤아릴)료	(매화나무)매	(줄기)맥	(가루)분	(죽일)살/(감할)쇄	(자리)석	(웃음)소

孫	案	浴	殘	借	差	倉	特	航	害	候	訓
(손자)손	(책상)안	(목욕할)욕	(남을)잔	(빌/빌릴)차	(다를)차	(곳집)창	(특별할)특	(배)항	(해할)해	(기후)후	(가르칠)훈
康	健	機	救	党	得	陸	望	副	産	巢	亭
(편안)강	(굳셀)건	(기계)계	(구원할)구	(집)당	(얻을)득	(뭍)륙	(바랄)망	(버금)부	(낳을)산	(새집)소	(머무를)정
唱	菜	淸	側	敗	票	貨	街	覚	結	景	極
(부를)창	(나물)채	(맑을)청	(곁)측	(패할)패	(표)표	(재물)화	(거리)가	(깨달을)각	(맺을)결	(볕)경	(다할/극진할)극
給	達	隊	量	滿	無	博	飯	費	散	象	燒
줄(급)	(통달할)달	(무리)대	(헤아릴)량	(찰)만	(없을)무	(넓을)박	(밥)반	(쓸)비	(흩을)산	(코끼리)상	(사를)소
順	然	貯	最	喜	働	辞	続	試	愛	塩	腸
(순할)순	(그럴)연	(쌓을)저	(가장)최	(기쁠)희	(일할)동	(말씀)사	(이을)속	(시험)시	(사랑)애	(소금)염	(창자)장
戦	節	照	置	管	関	旗	歴	説	漁	静	種
(싸움)전	(마디)절	(비칠)조	(둘)치	(대롱/주관할)관	(관계할)관	(기)기	(지날)력	(말씀)설	(고기잡을)어	(고요할)정	(씨)종
察	課	器	輪	賞	選	養	億	熱	標	機	録
(살필)찰	(공부할/과정)과	(그릇)기	(바퀴)륜	(상줄)상	(가릴)선	(기를)양	(억)억	(더울)열	(표할)표	(틀)기	(기록할)기
積	観	類	験	鏡	願	競	議				
(쌓을)적	(볼)관	(무리)류	(시험)험	(거울)경	(원할)원	(다툴)경	(의논할)의				

나의 실력   [한자 총수: 200자]   [아는 한자: 자]   [모르는 한자: 자]

久	仏	比	支	可	刊	句	旧	犯	弁	示	圧
(오랠)구	(부처)불	(견줄)비	(지탱할)지	(옳을)가	(새길)간	(글귀)구	(예)구	(범할)범	(고깔)번	보일)시	(누를)압
永	布	仮	件	団	舌	因	任	再	在	均	技
(길)영	(베/펼)포	(거짓)가	(물건)건	(둥글)단	(혀)설	(인할)인	(맡길)임	(두)재	(있을)재	(고를)균	(재주)기
防	応	似	状	序	余	災	条	志	快	判	価
(막을)방	(응할)응	(닮을)사	(모양)상	(차례)서	(남을)여	(재앙)재	(가지)조	(뜻)지	(쾌할)쾌	(판단할)판	(값)가
居	券	武	肥	非	舎	性	述	承	易	往	制
(살)거	(문서)권	(호반)무	(살찔)비	(아닐)비	(집)사	(성품)성	(펼)술	(이을)승	(바꿀)역/(쉬울)이	(갈)왕	(절제할)제
枝	妻	招	版	河	効	故	独	迷	保	逆	政
(가지)지	(아내)처	(부를)초	(판목)판	(물)하	(효험/본받을)효	(연고)고	(홀로)독	(미혹할)미	(지킬)보	(거스를)역	(정사)정
祖	則	退	限	厚	査	個	格	耕	能	留	師
(할아비)조	(법칙)칙	(물러날)퇴	(한할)한	(두터울)후	(조사할)사	(낱)개	(격식)격	(밭갈)경	(능할)능	(머무를)류	(스승)사
修	素	桜	容	恩	益	財	造	破	俵	経	基
(닦을)수	(본디/흴)소	(앵두)앵	(얼굴)용	(은혜)은	(더할)익	(재물)재	(지을)조	(깨뜨릴)파	(나누어줄)표	(지날/글)경	(터)기
寄	規	断	略	務	婦	貧	常	設	率	授	術
(부칠)기	(법)규	(끊을)단	(간략할/약할)략	(힘쓸)무	(며느리/지어미)부	(가난할)빈	(떳떳할/항상)상	(베풀)설	(거느릴)솔	(줄)수	(재주)술
眼	液	移	張	接	情	採	責	許	険	現	混
(눈)안	(진액)액	(옮길)이	(베풀)장	(이을)접	(뜻)정	(캘)채	(꾸짖을)책	(허락할)허	(험할)험	(나타날)현	(섞을)혼
減	検	過	貸	貿	報	復	富	備	税	属	富
(덜)감	(검사할)검	(지날)과	(빌릴)대	(무역할)무	(갚을/알릴)보	(회복할)복/(다시)부	(부자)부	(갖출)비	(세금)세	(무리)속	(경영할)영
絶	程	提	証	測	統	評	賀	群	禁	幹	鉱
(끊을)절	(한도/길)정	(끌)제	(증거)증	(헤아릴)측	(거느릴)통	(평할)평	(하례할)하	(무리)군	(금할)금	(줄기)간	(쇳돌)광

夢	墓	飼	勢	損	預	義	資	準	罪	豊	解
(꿈)몽	(무덤)요	(기를)사	(형세)세	(덜)손	(맡길/미리)예	(옳을)의	(재물)자	(준할)준	(허물)죄	(풍년)풍	(풀)해
境	構	慣	慣	銅	領	綿	複	酸	像	演	維
(지경)경	(얽을)구	(익숙할)관	(큰)덕	(구리)동	(거느릴)령	(솜)면	(겹칠)록	(실)산	(모양)상	(펼)연	(섞일)잡
適	錢	精	際	製	增	総	態	潔	導	敵	質
(맞을)적	(돈)전	(정할)정	(즈음/가)제	(지을)제	(더할)증	(다)총	(모습)태	(깨끗할)결	(인도할)도	(대적할)적	(바탕)질
賛	編	暴	確	燃	輸	衛	築	興	講	謝	績
(도울)찬	(엮을)편	(사나울)폭/(모질)포	(굳을)확	(탈)연	(보낼)수	(지킬)위	(쌓을)축	(일)흥	(욀)강	(사례할)사	(길쌈)적
額	職	織	識	護							
(이마)액	(직분)직	(짤)직	(알)식	(도울)호							

나의 실력
[한자 총수:　185자]
[아는 한자:　　자]
[모르는 한자:　　자]

6학년이 배우는 한자

干	己	亡	寸	收	仁	尺	片	幼	冊	処	庁
(방패)간	(몸)기	(망할)망	(마디)촌	(거둘)수	(어질)인	(자)척	(조각)편	(어릴)유	(책)책	(곳)처	(관청)청
穴	机	宇	危	存	至	宅	后	灰	吸	係	困
(굴)혈	(책상)궤	(집)우	(위태할)위	(있을)존	(이를)지	(집)택	(임금/왕후)후	(재)회	(마실)흡	(이어맬)계	(곤할)곤
卵	乱	忘	否	批	私	我	孝	刻	届	供	担
(알)란	(어지러울)란	(잊을)망	(아닐)부	(비평할)시	(사사)사	(나)아	(효도)효	(새길)각	(이를/신고할)계	(이바지할)공	(멜)담
枚	拝	並	宝	垂	若	乳	延	沿	宗	宙	忠
(낱)매	(절)배	(나란히)병	(보배)보	(드리울)수	(같을)약/(반야)야	(젖)유	(늘일)연	(물따라갈/따를)연	(마루)종	(집)주	(충성)충
拡	呼	看	巻	段	背	律	砂	宣	城	洗	染
(넓힐)확	(부를)호	(볼)간	(책)권	(층계)단	(등)배	(법칙)률	(모래)사	(베풀)선	(재)성	(씻을)세	(물들)염

映	姿	專	奏	泉	派	肺	革	紅	皇	降	骨
(비칠)영	(모양)자	(오로지)전	(아뢸)주	샘(천)	(갈래)파	(허파)폐	(가죽)혁	(붉을)홍	(임금)황	(내릴)강/항복할(항)	(뼈)골
納	党	朗	班	俳	秘	射	純	蠶	將	展	除
(바칠)납	(무리)당	(밝을)랑	(나눌)반	(배우)배	(숨길)비	(쏠)사	순수할(순)	(누에)잠	(장수)장	(펼)전	(덜)제
從	座	株	値	針	討	陛	胸	腦	密	訪	捨
(좇을)종	(자리)좌	(그루)주	(값)치	(바늘)침	(칠)토	(대궐섬돌)폐	(가슴)흉	(골/뇌수)뇌	(빽빽할)밀	(찾을)방	(버릴)사
盛	視	域	訳	欲	郵	異	翌	著	頂	濟	探
(성할)성	(볼)시	(지경)역	(번역할)역	(하고자할)욕	(우편)우	(다를)이	(다음날)익	(나타날)저	(정수리)정	(건널)제	(찾을)탐
窓	推	閉	鄉	貴	敬	勤	筋	晩	補	棒	詞
(창)창	(밀)추	(닫을)폐	(시골)향	(귀할)귀	(공경)경	(부지런할)근	(힘줄)근	(늦을)만	(기울)보	(막대)봉	(말/글)사
善	裝	裁	尊	衆	創	策	就	痛	割	揮	暖
(착할)선	(꾸밀)장	(옷마를)재	(높을)존	(무리)중	(비롯할)창	(꾀)책	(나아갈)취	(아플)통	(벨)할	(휘두를)휘	(따뜻할)난
傷	絹	裏	幕	盟	腹	署	聖	誠	源	賃	蒸
(다칠)상	(비단)견	(속)리	(장막)막	(맹세)맹	(배)복	(마을/관청)서	(성인)성	(정성)성	(근원)원	(품삯)임	(찔)증
閣	穀	模	暮	誤	疑	認	磁	障	誌	層	論
(집)각	(곡식)곡	(본뜰)모	(저물)모	(그르칠)오	(의심할)의	(알)인	(자석)자	(막을)장	(기록할)지	(층)층	(논할)론
藏	潮	誕	權	劇	熟	遺	諸	激	鋼	糖	樹
(감출)장	(밀물/조수)조	(낳을/거짓)탄	(권세)권	(심할)극	(익을)숙	(남길)유	(모두)제	(격할)격	(강철)강	(엿)당	(나무)수
奮	操	縱	憲	覽	嚴	優	縮	簡	難	臨	警
(떨칠)분	(잡을)조	(세로)종	(법)헌	(볼)람	(엄할)엄	(넉넉할)우	(줄일)축	(대쪽/간략할)간	(어려울)난	(임할)림	(깨우칠)경

臟	나의 실력 [한자 총수: 181자] [아는 한자: 자] [모르는 한자: 자]
(오장)장	

4학년이 배우는 한자

200자

3~4 획

士 선비 사　　欠 어지러질 결　　夫 지아비 부　　不 아닐 부/불　　氏 성씨 씨

士

선비 **사**

부수 : 士

음 し

学士(がくし) 학사　　士官(しかん) 사관　　修士(しゅうし) 수사(석사)

戦士(せんし) 전사　　勇士(ゆうし) 용사

修士の学位を取りました。 석사 학위를 취득했습니다.

一 十 士

Tip
★ 士(し) 한자의 모양이 土(つち)와 흡사하니 가로획의 길이 차이에 주의해서 쓰세요.

欠

이지러질 결

부수 : 欠
정자 : 缺

음 けつ

欠員(けついん) 결원　欠如(けつじょ) 결여　欠陥(けっかん) 결함
欠席(けっせき) 결석

훈 かける／かく

欠(か)ける 빠지다　欠(か)く 없다, 부족하다

機械に欠陥が見つかりました。 기계에 결함이 발견되었습니다.
肝心なことが欠けています。 중요한 것이 빠져 있습니다.

丿 ク　ケ　欠

夫

지아비 부

부수 : 大

음 ふ／ふう

工夫(くふう／こうふ) 궁리함/공사장의 인부
夫人(ふじん) 부인　夫婦(ふうふ) 부부

훈 おっと

夫(おっと) 남편

二人は夫婦です。 두 사람은 부부입니다.
夫はサラリーマンです。 남편은 샐러리맨입니다.

一　二　チ　夫

不

아닐 부/불

부수 : 一

음 ふ／ぶ

不潔(ふけつ) 불결　不信(ふしん) 불신　不正(ふせい) 부정
不用心(ぶようじん) 주의가 부족함, 어수선함

不信感を持たないようにしてください。 불신감을 갖지 않도록 해 주세요.

一　フ　ア　不

氏

성씨 氏

부수 : 氏

음 し

彼氏(かれし) 그 남자, 그이, 남자친구   氏名(しめい) 이름

훈 うじ

氏(うじ) 성, 성씨, 가문   氏神(うじがみ) 씨족신, 그 고장의 수호신

私の彼氏は韓国人です。 제 남자친구는 한국인입니다.

氏より育ち。 가문보다 가정교육이 중요하다.

氏 氏 氏 氏

02과

5획

加 더할 가	功 공 공	令 하여금 령	末 끝 말	未 아닐 미
民 백성 민	辺 가 변	付 부칠 부	司 맡을 사	史 사기 사
失 잃을 실	以 써 이	札 편지 찰	包 쌀 포	必 반드시 필

加

더할 가

부수 : 力

음 か

加算(かさん) 가산　加入(かにゅう) 가입　参加(さんか) 참가

追加(ついか) 추가

훈 くわえる／くわわる

加(くわ)える 더하다　加(くわ)わる 더해지다

マラソン<ruby>大会<rt>たいかい</rt></ruby>に<ruby>参加<rt>さんか</rt></ruby>しました。 마라톤 대회에 참가했습니다.

<ruby>砂糖<rt>さとう</rt></ruby>を<ruby>加<rt>くわ</rt></ruby>えてください。 설탕을 첨가해 주세요.

フ　カ　加　加　加

功

음 こう／く

功績(こうせき) 공적　功労(こうろう) 공로　功力(くりき) 공력(불교)

공 공

부수 : 力

あなたの功労を認めます。 당신의 공로를 인정합니다.
(こうろう) (みと)

功 功 功 功 功

令

음 れい

号令(ごうれい) 호령　指令(しれい) 지령　法令(ほうれい) 법령

命令(めいれい) 명령

하여금 령

부수 : 人
정자 : 令

法令で決まっています。 법령으로 정해져 있습니다.
(ほうれい) (き)

丿 人 厶 今 令

末

음 まつ／ばつ

月末(げつまつ) 월말　週末(しゅうまつ) 주말　年末(ねんまつ) 연말

末子(ばっし／まっし) 막내

훈 すえ

末(すえ) 끝, 말단, ～한 끝에　末子(すえこ) 막내(＝すえっこ)

끝 말

부수 : 木

年末には忘年会があります。 연말에는 망년회가 있습니다.
(ねんまつ) (ぼうねんかい)

悩んだ末、決めました。 고민 끝에 결정했습니다.
(なや) (すえ) (き)

一 二 キ 末 末

未

아닐 미

부수 : 木

음 み

未熟(みじゅく) 미숙　未然(みぜん) 미연　未来(みらい) 미래

未成年(みせいねん) 미성년

未来(みらい)のために頑張(がんば)ります。 미래를 위해 분발하겠습니다.

Tip

★ 未(み)와 末(まつ)는 모양이 비슷하니 주의하세요.

一 二 キ 未 未

民

백성 민

부수 : 氏

음 みん

国民(こくみん) 국민　漁民(ぎょみん) 어민　人民(じんみん) 인민

農民(のうみん) 농민　民族(みんぞく) 민족

훈 たみ

民(たみ) 국민, 백성

私(わたし)の親(おや)は農民(のうみん)です。 제 부모는 농민입니다.

民(たみ)の声(こえ)を聞(き)いてください。 국민의 소리를 들어 주세요.

民 民 民 民 民

辺

가 변

부수 : 辶

정자 : 邊

음 へん

この辺(へん) 이 근처　底辺(ていへん) 저변

훈 あたり／わたり／べ

辺(あた)り 부근(＝わたり)　海辺(うみべ) 해변, 바닷가

この辺(へん)に交番(こうばん)がありますか。 이 근처에 지구대(파출소)가 있습니까?

この辺(あた)りでキャンプをしています。 이 부근에서 캠프를 하고 있습니다.

刁 刀 刃 辺 辺

付

음 ふ

交付(こうふ) 교부　付与(ふよ) 부여　添付(てんぷ) 첨부

훈 つく／つける

付(つ)く 붙다　付(つ)ける 붙이다

부칠 부

부수：亻

免許証(めんきょしょう)は明日(あした)、交付(こうふ)します。 면허증은 내일, 교부합니다.

カメラのレンズにフィルターを付(つ)けます。 카메라의 렌즈에 필터를 붙입니다.

ノ イ 仁 付 付

司

음 し

司会(しかい) 사회　司法(しほう) 사법　司令(しれい) 사령

맡을／벼슬 사

부수：口

結婚式(けっこんしき)の司会(しかい)をしました。 결혼식 사회를 했습니다.

フ ヲ 司 司 司

史

음 し

史学(しがく) 사학　史跡(しせき) 사적　史書(ししょ) 사서

歴史(れきし) 역사　日本史(にほんし) 일본사

사기 사

부수：口

日本史(にほんし)を専攻(せんこう)しています。 일본사를 전공하고 있습니다.

丶 口 口 史 史

失

잃을 실

부수 : 大

음 しつ

過失(かしつ) 과실　失敗(しっぱい) 실패　失礼(しつれい) 실례

失恋(しつれん) 실연　損失(そんしつ) 손실

훈 うしなう

失(うしな)う 잃다

失敗は成功の元。 실패는 성공의 어머니.

気を失いました。 정신을 잃었습니다.

ノ 亡 仁 牛 失

以

써 이

부수 : 人

음 い

以上(いじょう) 이상　以心伝心(いしんでんしん) 이심전심

以前(いぜん) 이전

これ以上は無理です。 이 이상은 무리입니다.

丶 レ レ 以 以

Tip

★ 以(もっ)て라는 발음
으로 쓰이는 경우가 있
는데 이 때에는 '~(을)
써서'라는 의미입니다.

札

편지 찰

부수 : 木

음 さつ

鑑札(かんさつ) 감찰(영업 허가증)　書札(しょさつ) 서찰

落札(らくさつ) 낙찰　千円札(せんえんさつ) 천 엔짜리 지폐

훈 ふだ

名札(なふだ) 명찰

その絵は私が落札しました。 그 그림은 제가 낙찰했습니다.

名札をつけてください。 명찰을 붙여 주세요.

一 十 才 木 札

包

쌀 포

부수 : 勹

정자 : 包

음 ほう

包囲(ほうい) 포위　包括(ほうかつ) 포괄

包装紙(ほうそうし) 포장지　内包(ないほう) 내포

훈 つつむ

包(つつ)む 싸다

敵に包囲されました。 적에게 포위되었습니다.

包装紙で包みます。 포장지로 싸겠습니다.

⺈ ク 勹 勺 包

必

반드시 필

부수 : 心

음 ひつ

必然(ひつぜん) 필연　必要(ひつよう) 필요　必勝(ひっしょう) 필승

必修(ひっしゅう) 필수

훈 かならず

必(かなら)ず 필히, 반드시

英語は必修科目です。 영어는 필수과목입니다.

必ず成功します。 반드시 성공하겠습니다.

ノ ソ 必 必 必

03과

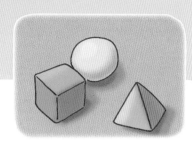

6획

各 각각 각	**共** 한가지 공	**灯** 등 등	**老** 늙을 로	**成** 이룰 성
衣 옷 의	**印** 도장 인	**争** 다툴 쟁	**伝** 전할 전	**兆** 억조 조
仲 버금 중	**好** 좋을 호			

25

各

각각 각

부수 : 口

음 かく

各地(かくち) 각지　各国(かっこく) 각국

훈 おのおの

各々(おのおの) 각자, 각각

かく　ち　　ある　　まわ
各地を歩き回りました。 각지를 돌아다녔습니다.
おのおの　かんが　かた
各々の考え方を聞いてみました。 각자의 생각을 물어 보았습니다.

ノ　ク　久　冬　各　各

共

한가지 **공**

부수 : 八

[음] きょう

共栄(きょうえい) 공영　共産党(きょうさんとう) 공산당

共同(きょうどう) 공동　共通(きょうつう) 공통

[훈] とも

共(とも)に 함께

共同で研究しています。 공동으로 연구하고 있습니다.

みんなと共に頑張ります。 여러분과 함께 분발하겠습니다.

一 十 廿 共 共 共

灯

등 **등**

부수 : 火
정자 : 燈

[음] とう

電灯(でんとう) 전등　灯火(とうか) 등화　灯台(とうだい) 등대

[훈] ひ

灯(ひ) 불(빛), 등불

電灯を消さないでください。 전등을 끄지 마세요.

灯台の灯が光っています。 등대불이 반짝이고 있습니다.

丶 丷 丷 火 灯 灯

老

늙을 **로**

부수 : 口
정자 : 老

[음] ろう

長老(ちょうろう) 장로　老人(ろうじん) 노인

養老院(ようろういん) 양로원

[훈] おいる／ふける

老(お)いる 늙다, 철이 다 되다　老(ふ)ける 늙다, 나이를 먹다

老人のための施設です。 노인을 위한 시설입니다.

体が老いて力が出ません。 몸이 늙어서 힘이 나지 않습니다.

一 十 土 耂 老 老

成

이룰 성

부수 : 戈

음 せい／じょう

賛成(さんせい) 찬성　成功(せいこう) 성공　成長(せいちょう) 성장

成就(じょうじゅ) 성취

훈 なる／なす

成(な)る 되다　成(な)す 이루다, 달성하다

賛成より反対が多いです。 찬성보다 반대가 많습니다.

先生に成りました。 선생님이 되었습니다.

丿 厂 厈 成 成 成

衣

옷 의

부수 : 衣

음 い

衣食住(いしょくじゅう) 의식주　衣装(いしょう) 의상

衣服(いふく) 의복　白衣(はくい) 백의

훈 ころも

衣(ころも) 옷, 의복

衣服文化について話してください。 의복문화에 대해 이야기해 주세요.

「衣」は着物と同じ意味です。 '이ころも'는 의복과 같은 의미입니다.

丶 亠 ナ 衣 衣 衣

印

도장 인

부수 : 卩

음 いん

印鑑(いんかん) 인감　印刷(いんさつ) 인쇄　印象(いんしょう) 인상

捺印(なついん) 날인

훈 しるし

印(しるし) 표시, 증거　目印(めじるし) 목표물, 표시

本を印刷します。 책을 인쇄합니다.

印をつけます。 표시를 하겠습니다.

丶 仁 仨 仨 印 印

争

다툴 쟁

부수 : 丿
정자 : 爭

음 そう

競争(きょうそう) 경쟁　戦争(せんそう) 전쟁　闘争(とうそう) 투쟁

훈 あらそう

争(あらそ)う 다투다, 경쟁하다

第二次大戦は1945年に終わりました。 제2차 대전은 1945년에 끝났습니다.

いつも彼と一位を争っています。 언제나 그와 1위를 다투고 있습니다.

丿 ク ㄅ 刍 争 争

伝

전할 전

부수 : 亻
정자 : 傳

음 でん

伝説(でんせつ) 전설　伝言(でんごん) 전언　伝聞(でんぶん) 전문

훈 つたわる／つたえる／つたう

伝(つた)わる 전달되다　伝(つた)える 전하다
伝(つた)う 따라서 이동하다

伝説的な話です。 전설적인 이야기입니다.

伝言を伝えてください。 전언을 전해 주세요.

丿 亻 仁 仁 伝 伝

兆

억조 조

부수 : 儿

음 ちょう

億兆(おくちょう) 억조　吉兆(きっちょう) 길조

훈 きざす／きざし

兆(きざ)す 움트다, 싹트다　兆(きざ)し 조짐, 전조, 징조

昨日の夢は吉兆です。 어제 꿈은 길조입니다.

景気回復の兆しが見えます。 경기회복의 조짐이 보입니다.

丿 ノ ㇆ 兆 兆 兆

仲

음 ちゅう

仲介(ちゅうかい) 중개　仲秋(ちゅうしゅう) 중추

훈 なか

仲(なか) 사이

버금 중

부수 : イ

不動産(ふどうさん)の仲介業(ちゅうかいぎょう)をしています。 부동산 중개업을 하고 있습니다.

友達(ともだち)と仲(なか)が悪(わる)くなりました。 친구와 사이가 나빠졌습니다.

ノ イ 仁 仏 仲 仲

Tip
★ なか(仲)는 동음이
의어인 中(なか)와 혼
동하기 쉽습니다. 中
(なか)는 '안, 속, 내
부'의 의미이고 仲(な
か)는 '사이, 관계'의 의
미입니다. 또한 訓読
(くんよ)み로 仲人(な
こうど)로 읽히는 단
어가 있는데, '중매인'
이라는 의미입니다.

好

음 こう

愛好(あいこう) 애호　好意(こうい) 호의　好調(こうちょう) 호조

훈 このむ／すく

好(この)む 좋아하다, 바라다　好(す)く 좋아하다

좋을 호

부수 : 女

好意(こうい)を無(む)にしないでください。 호의를 저버리지 마세요.

読書(どくしょ)を好(この)んでいます。 독서를 좋아하고 있습니다.

く 女 女 女 好 好

04과

7획

改 고칠 개	告 고할 고	求 구할 구	努 힘쓸 노	冷 찰 랭
良 어질 량	労 일할 로	利 이할 리	別 다를/나눌 별	兵 병사 병
束 묶을 속	臣 신하 신	児 아이 아	芸 재주 예	完 완전할 완
囲 두를 위	位 자리 위	材 재목 재	低 낮을 저	折 꺾을 절
初 처음 초	希 바랄/드물 희			

改

고칠 개
부수 : 攵

음 かい

改革(かいかく) 개혁　改札(かいさつ) 개찰　改善(かいぜん) 개선

훈 あらた**める** ／あらた**まる**

改(あらた)める 고치다, 개선하다　改(あらた)まる 새로워지다, 개선되다

けいざいかいかく　すす
経済改革が進んでいます。 경제개혁이 진행되고 있습니다.
きょういくかんきょう　　あらた
教育環境を改めました。 교육환경을 개선했습니다.

フ　フ　己　己　己　改　改

告

고할 고

부수 : 口

음 こく

広告(こうこく) 광고　告白(こくはく) 고백　通告(つうこく) 통고

報告(ほうこく) 보고

훈 つげる

告(つ)げる 고하다

広告の効果がありました。 광고효과가 있습니다.

彼女に別れを告げました。 여자 친구에게 이별을 고했습니다.

ノ　ヒ　と　牛　生　告　告

求

구할 구

부수 : 水

음 きゅう

求職(きゅうしょく) 구직　求人(きゅうじん) 구인

探求(たんきゅう) 탐구　要求(ようきゅう) 요구

훈 もとめる

求(もと)める 구하다, 바라다

求人の広告を探しています。 구인광고를 찾고 있습니다.

世界平和を求めています。 세계평화를 바라고 있습니다.

一　十　十　寸　寸　求　求

努

힘쓸 노

부수 : 力

음 ど

努力(どりょく) 노력

훈 つとめる

努(つと)める 힘쓰다, 노력하다

努力のない成功はありません。 노력 없는 성공은 없습니다.

サービスの向上に努めています。 서비스 향상에 힘쓰고 있습니다.

し　タ　タ　如　奴　努　努

冷

찰 랭

부수 : 冫
정자 : 冷

Tip
★ 冷(れい)는 한자 今(れい)와 유사하므로 주의하세요. 또한 부수가 삼수변(氵)이 아닌 이수변(冫)인 것도 짚고 넘어가야 할 사항이죠.

음 れい

冷却(れいきゃく) 냉각　冷笑(れいしょう) 냉소　冷房(れいぼう) 냉방
冷蔵庫(れいぞうこ) 냉장고

훈 つめたい／ひえる／ひやす／さめる

冷(つめ)たい 차갑다　冷(ひ)える 식다, 차가워지다
冷(ひ)やす 식히다, 차게 하다　冷(さ)める 식다

冷房が効きません。 냉방이 듣지 않습니다.

ビールを冷やしてください。 맥주를 차갑게 해주세요.

丶 冫 冫 冫 沪 冷 冷

良

어질 량

부수 : 艮

Tip
★ 良(りょう)를 형용사로 표기할 때는 良(よ)い와 良(い)い 양쪽 모두 사용합니다.

음 りょう

良心(りょうしん) 양심　良好(りょうこう) 양호　不良(ふりょう) 불량

훈 よい

良(よ)い 좋다

不良品を出さないでください。 불량품을 내지 마세요.

彼との仲は良いです。 그와의 사이는 좋습니다.

丶 ゥ ゥ ヨ 白 良 良

労

일할 로

부수 : 力
정자 : 勞

음 ろう

過労(かろう) 과로　功労(こうろう) 공로　労働(ろうどう) 노동
苦労(くろう) 고생

過労で倒れました。 과로로 쓰러졌습니다.

丶 ゙ ゙ ゙ 労 労 労 労

利

이할 리

부수 : 刂

음 り

鋭利(えいり) 예리　福利(ふくり) 복리　利益(りえき) 이익

利用(りよう) 이용

훈 きく

利(き)く 효력이 있다, 듣다

利益が出ません。 이익이 나오지 않습니다.

気が利きます。 눈치가 빠릅니다.

丿 二 千 禾 禾 利 利

別

다를 / 나눌 별

부수 : 刂

음 べつ

特別(とくべつ) 특별　分別(ぶんべつ) 분별

離別(りべつ) 이별　別館(べっかん) 별관　別途(べっと) 별도

훈 わかれる

別(わか)れる 헤어지다

別途に扱います。 별도로 취급하겠습니다.

別れてしまいました。 헤어져 버렸습니다.

丨 口 口 尸 吊 別 別

Tip

★ 別(べつ)의 한자가 사용되는 동사에는 別(わか)れる가 있는데 같은 음의 동사인 分(わか)れる와 혼동하지 않도록 주의하세요. 別(わか)れる는 '헤어지다'이고, 分(わか)れる는 '나누어지다, 분리되다'입니다.

兵

병사 병

부수 : 八

음 へい / ひょう

兵士(へいし) 병사　兵器(へいき) 병기　歩兵(ほへい) 보병

小兵(こひょう) 덩치가 작은 사람

兵士の給料は安いです。 병사의 급여는 쌉니다.

丿 厂 厂 斤 丘 乒 兵

束

묶을 속

부수 : 木

음 そく

束縛(そくばく) 속박　拘束(こうそく) 구속　約束(やくそく) 약속

훈 たば

束(たば) 다발, 묶음

束(たば)ねる 묶다, 다발을 짓다

時間(じかん)に束縛(そくばく)されます。 시간에 속박됩니다.

一束(ひとたば)に結(むす)びます。 한 묶음으로 묶겠습니다.

一 一 一 一 申 東 束 束

臣

신하 신

부수 : 臣

음 しん／じん

君臣(くんしん) 군신　臣下(しんか) 신하　大臣(だいじん) 대신

臣下(しんか)として王様(おうさま)に仕(つか)えます。 신하로서 임금님을 섬깁니다.

臣 一 て 王 王 手 臣 臣

34

Tip
★ 臣(しん)은 인명으로도 쓰이는데 이때에는 豊臣(とよとみ)라고도 발음됩니다.

児

아이 아

부수 : 儿

정자 : 兒

음 じ／に

問題児(もんだいじ) 문제아　児童(じどう) 아동　幼児(ようじ) 유아

小児(しょうに) 소아

児童福祉(じどうふくし)が改善(かいぜん)されました。 아동복지가 개선되었습니다.

丨 刂 𡧇 𡧇 旧 児 児

Tip
★ 児(じ)는 인명으로 쓰일 때 こだま(児玉)와 같이 독특하게 발음되는 경우가 있습니다.

芸

芸術(げいじゅつ) 예술　学芸(がくげい) 학예

芸能(げいのう) 예능, 연예

재주 예

부수 : ⧺

정자 : 藝

芸能界にデビューしました。 연예계에 데뷔했습니다.

一 十 艹 芒 芸 芸 芸

完

음 かん

完全(かんぜん) 완전　完備(かんび) 완비　完璧(かんぺき) 완벽

補完(ほかん) 보완　完了(かんりょう) 완료

완전할 완

부수 : 宀

完璧に騙されました。 완벽하게 속았습니다.

丶 宀 宀 宁 宇 完 完

囲

음 い

範囲(はんい) 범위　包囲(ほうい) 포위　囲碁(いご) 바둑

훈 かこむ／かこい

囲(かこ)む 둘러싸다　囲(かこ)い 에워쌈

두를 위

부수 : 囗

정자 : 圍

囲碁ができます。 바둑을 할 줄 압니다.

山に囲まれた田舎です。 산으로 둘러싸인 시골입니다.

丨 冂 冃 冃 用 用 囲

位

음 い

位置(いち) 위치　学位(がくい) 학위　上位(じょうい) 상위

単位(たんい) 학점

훈 くらい

位(くらい) 지위, 계급, 자릿수, ~정도　位取(くらいど)り 자릿수를 정함

자리 위

부수 : イ

学位を取りました。 학위를 취득했습니다.

位取りをまちがえました。 자릿수를 잘못 잡았습니다.

イ イ 仁 伶 位 位 位

材

음 ざい

教材(きょうざい) 교재　取材(しゅざい) 취재　人材(じんざい) 인재

木材(もくざい) 목재

재목 재

부수 : 木

会社には優秀な人材が多いです。 회사에는 우수한 인재가 많습니다.

一 十 才 材 材 村 材 材

低

음 てい

高低(こうてい) 고저　最低(さいてい) 최저　低音(ていおん) 저음

훈 ひくい／ひくまる／ひくめる

低(ひく)い 낮다　低(ひく)まる 낮아지다
低(ひく)める 낮추다

낮을 저

부수 : イ

今年の最低の記録です。 올해의 최저 기록입니다.

背が低い人は足も短いです。 키가 작은 사람은 다리도 짧습니다.

ノ イ イ 仁 低 低 低

Tip

★ 低(てい)는 '(높이)가 낮다'는 의미이고, 底(てい)는 '바닥, 밑바닥'이라는 의미입니다. 音読(おんよ)み가 같은 데다가 한자가 비슷하므로 확실히 구분해서 익혀 두세요.

折

꺾을 절
부수 : 手

음 せつ

曲折(きょくせつ) 곡절　挫折(ざせつ) 좌절　骨折(こっせつ) 골절

훈 お**る**／お**り**／お**れる**

折(お)る 접다, 꺾다　折(お)り 꺾음, 때　折(お)れる 접히다, 꺾이다

挫折しないでください。 좌절하지 마세요.
色紙で鶴を折りました。 색종이로 학을 접었습니다.

一　十　才　才　扩　折　折

初

처음 초
부수 : 刀

음 しょ

最初(さいしょ) 최초　初心(しょしん) 초심　初日(しょにち) 초일
当初(とうしょ) 당초

훈 はじ**め**／はじ**めて**／はつ／うい／そ**める**

初(はじ)め 처음　初(はじ)めて 처음(부사)　初(はつ) 처음, 시초
初々(ういうい)しい 어리고 숫되다　見初(みそ)める 처음 보다

何事も最初が大事です。 무슨 일이든 처음이 중요합니다.
初めまして。 처음 뵙겠습니다.

ラ　オ　オ　ネ　初　初

希

바랄 /
드물 희
부수 : 巾

음 き・け

希望(きぼう) 희망　希薄(きはく) 희박　希有(けう) 희유(아주 드묾)

훈 希(こいねが)**う**

希(こいねが)う 간절히 바라다

息子は私の希望です。 아들은 내 희망입니다.

ノ　メ　二　チ　卂　希　希

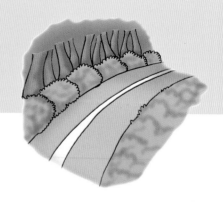

8획

径 지름길/길 경	季 계절 계	固 굳을 고	果 실과 과	官 벼슬 관
念 생각 념	牧 칠 목	毒 독 독	例 법식 례	法 법 법
府 마을 부	松 소나무 송	刷 쓸 쇄	芽 싹 아	英 꽃부리 영
泣 울 읍	底 밑 저	的 과녁 적	典 법 전	卒 마칠 졸
周 두루 주	参 참여할 참	治 다스릴 치	協 화할 협	

径

음 けい

径路(けいろ) 경로　直径(ちょっけい) 직경　半径(はんけい) 반경

지름길/길 경

부수 : 彳
정자 : 徑

直径を量ってみます。 직경을 재보겠습니다.

彳 彳 彳 彳 径 径 径 径

季

계절 계

부수 : 子

음 き

雨季(うき) 우계　　季節(きせつ) 계절

夏季(かき) 하계

冬季(とうき) 동계

冬季オリンピックで金メダルを取りました。

동계올림픽에서 금메달을 땄습니다.

一 二 千 禾 禾 季 季

Tip

★ 季(き)의 한자와 모양이 비슷한 한자로 李(すもも), 秀(しゅう) 등이 있습니다. 참고로 알아 두세요.

固

굳을 고

부수 : 口

음 こ

頑固(がんこ) 완고　　固定(こてい) 고정　　堅固(けんご) 견고

훈 かためる／かたまる／かたい

固(かた)める 굳히다　固(かた)まる 굳어지다　固(かた)い 딱딱하다

彼は頑固な性格です。 그는 완고한 성격입니다.

もう決心を固めました。 이미 결심을 굳혔습니다.

｜ 冂 冂 円 円 周 周 固

39

果

실과 과

부수 : 木

음 か

果敢(かかん) 과감　　果実(かじつ) 과실　　果樹園(かじゅえん) 과수원

効果(こうか) 효과

훈 はたす／はてる／はて

果(は)たす 완수하다, 다하다　果(は)てる 끝나다, 목숨이 다하다

果(は)て 끝, 끝장

果敢な行動が必要です。 과감한 행동이 필요합니다.

任された任務を果たしました。 맡겨진 임무를 완수했습니다.

｜ 冂 冂 日 甼 甲 果 果

官

벼슬 관

부수 : 宀

음 かん

官僚(かんりょう) 관료　官庁(かんちょう) 관청　高官(こうかん) 고관
長官(ちょうかん) 장관

<ruby>政府機関<rt>せい ふ き かん</rt></ruby>の<ruby>官僚<rt>かんりょう</rt></ruby>です。 정부기관의 관료입니다.

宀宀宀宇宇官官官

念

생각 념

부수 : 心

음 ねん

信念(しんねん) 신념　専念(せんねん) 전념　念願(ねんがん) 염원
念頭(ねんとう) 염두

<ruby>念頭<rt>ねんとう</rt></ruby>においてください。 염두에 두세요.

ノ人今今念念念念

牧

칠 목

부수 : 牛

음 ぼく

牧師(ぼくし) 목사　牧場(ぼくじょう) 목장
遊牧民(ゆうぼくみん) 유목민

훈 まき

牧場(まきば) 목장

<ruby>彼<rt>かれ</rt></ruby>は<ruby>牧師<rt>ぼくし</rt></ruby>の<ruby>経験<rt>けいけん</rt></ruby>があります。 그는 목사 경험이 있습니다.
<ruby>牧<rt>まき</rt></ruby>と<ruby>牧場<rt>ぼくじょう</rt></ruby>は<ruby>同<rt>おな</rt></ruby>じ<ruby>意味<rt>い み</rt></ruby>です。 'まき'와 'ぼくじょう'는 같은 의미입니다.

ノ仁牛牛牧牧牧牧

毒

毒殺(どくさつ) 독살　毒薬(どくやく) 독약

解毒(げどく) 해독　中毒(ちゅうどく) 중독

독 독

부수 : 毋

毒を解毒しました。 독을 해독했습니다.

一 二 三 丰 毒 毒 毒 毒

例

음 れい

実例(じつれい) 실례　通例(つうれい) 통례　例外(れいがい) 예외

훈 たとえる

例(たと)える 예를 들다

법식 례

부수 : 亻

実例を挙げてください。 실례를 들어주세요.

例えは、どんな人ですか。 예를 들면, 어떤 사람입니까?

丿 亻 仁 仁 佇 佇 例 例

法

음 ほう／はっ／ほっ

方法(ほうほう) 방법　法律(ほうりつ) 법률

法度(はっと／ほっと) 법도

법 법

부수 : 氵

日本語の文法はやさしいです。 일본어 문법은 쉽습니다.

法律には無知です。 법률에는 무지합니다.

丶 冫 氵 汁 法 法 法

府

마을 부

부수 : 广

Tip
★ 府(ふ)의 한자가 지명에 사용되는 대도시로는 大阪府(おおさかふ)와 京都府(きょうとふ) 단 두 곳이 있습니다. 참고로 알아두세요.

음 ふ

政府(せいふ) 정부　総理府(そうりふ) 총리부

府立(ふりつ) 부립(부가 설립함)

今年(ことし)の赤字(あかじ)は政府(せいふ)の責任(せきにん)です。
금년의 적자는 정부 책임입니다.

一　广　广　广　庐　庐　府　府

松

소나무 송

부수 : 木

음 しょう

松竹(しょうちく) 송죽　落葉松(らくようしょう) 낙엽송

老松(ろうしょう) 노송

훈 まつ

松葉(まつば) 솔잎　門松(かどまつ) 새해에 대문에 장식하는 소나무

深(ふか)い山(やま)に老松(ろうしょう)があります。 깊은 산에 노송이 있습니다.

門(もん)の前(まえ)に門松(かどまつ)を飾(かざ)りました。 문 앞에 소나무를 장식했습니다.

一　十　才　木　术　松　松　松

刷

쓸 쇄

부수 : 刂

음 さつ

印刷(いんさつ) 인쇄　刷新(さっしん) 쇄신

훈 する

刷(す)る 박다, 인쇄하다

印刷(いんさつ)がきれいにできました。 인쇄가 깨끗하게 되었습니다.

チラシを刷(す)っています。 전단지를 인쇄하고 있습니다.

一　コ　尸　尸　吊　吊　刷　刷

芽

음 が

発芽(はつが) 발아　萌芽(ほうが) 맹아(식물에 새로 트는 싹)

훈 め

芽(め) 싹　芽生(めば)える 싹트다, 움트다

싹 아
부수 : 艹
정자 : 芽

種が発芽しました。 씨가 싹이 트였습니다.

芽が出ました。 싹이 돋아났습니다.

一　十　艹　艹　艹　芏　芽　芽

英

음 えい

英語(えいご) 영어　英国(えいこく) 영국

英才(えいさい) 영재

꽃부리 영
부수 : 艹
정자 : 英

英語ができる人は成功します。

영어를 할 줄 아는 사람은 성공합니다.

一　十　艹　艹　艹　英　英

Tip

★ 英(えい)는 인명으로 쓰일 경우 英(ひで)란 발음으로 변하기도 합니다.

泣

음 きゅう

感泣(かんきゅう) 감읍　号泣(ごうきゅう) 호읍(소리 높이 욺)

훈 なく

泣(な)く 울다　泣(な)き虫(むし) 울보

울 읍
부수 : 氵

我慢できず、号泣しました。 참지 못하고 소리 높여 울었습니다.

悲しくて泣いています。 슬퍼서 울고 있습니다.

丶　丶　氵　氵　汀　汸　汸　泣

海底(かいてい) 해저

徹底(てってい) 철저

훈 そこ

底(そこ) 바닥, 밑바닥　奥底(おくそこ) 가장 깊은 곳, 속마음

底

밑 저

부수 : 广

にほん　　　かいてい
日本には海底トンネルがあります。 일본에는 해저터널이 있습니다.

うみ　そこ　　いわ
海の底にも岩があります。 바다 밑에도 바위가 있습니다.

底　亠　广　产　庐　庐　底　底

音 てき

公的(こうてき) 공적　私的(してき) 사적　的中(てきちゅう) 적중

훈 まと

的(まと) 목표, 과녁　的外(まとはず)れ 요점을 벗어남

的

과녁 적

부수 : 白

よそう　　てきちゅう
予想が的中しました。 예상이 적중했습니다.

や　まと　む
矢が的に向かっています。 화살이 과녁을 향하고 있습니다.

ノ　ｆ　自　自　白　白　的　的

44

Tip

★ 的(てき)와 敵(てき)는 동음이의어입니다. '원수나 적'을 의미할 때에는 敵(てき)가 사용됩니다.

음 てん

経典(けいてん) 경전　辞典(じてん) 사전　祝典(しゅくてん) 축전

典型的(てんけいてき) 전형적

典

법 전

부수 : 八

てんけいてき　すがた
典型的な姿です。 전형적인 모습입니다.

丨　冂　日　由　曲　曲　典　典

卒

음 そつ

卒業(そつぎょう) 졸업　高卒(こうそつ) 고졸　中卒(ちゅうそつ) 중졸

마칠 졸
부수 : 十

こうこう　　そつぎょう
高校を卒業しました。 고등학교를 졸업했습니다.

丶　亠　亠　广　广　六　产　卒

周

음 しゅう

周囲(しゅうい) 주위　周期(しゅうき) 주기

一周(いっしゅう) 일주

훈 まわり

周(まわ)り 주위

두루 주
부수 : 口

しゅうち　　とお
周知の通りです。 주지하는 바와 같습니다.

いえ　まわ　　　やま　　み
家の周りには山しか見えません。 집 주위에는 산 밖에 보이지 않습니다.

丿　几　凡　丹　用　用　周　周

参

음 さん

参加(さんか) 참가　参照(さんしょう) 참조　参考(さんこう) 참고

参拝(さんぱい) 참배

훈 まいる

参(まい)る 来(く)る의 겸양어

참여할 참
부수 : ム
정자 : 參

さん か
みんな参加してください。 모두 참가해 주세요.

に ほん　　　まい
日本から参りました。 일본에서 왔습니다.

レ　ム　ム　矢　矢　矣　参　参

治

다스릴 치

부수 : 氵

Tip
★ '(병을)고치다, 치료하다'라는 의미로 쓰이는 治(なお)する는 자주 사용되는 동사이므로 꼭 기억하세요.

음 じ／ち

政治(せいじ) 정치　自治(じち) 자치　治安(ちあん) 치안

治療(ちりょう) 치료

훈 おさめる／おさまる／なおす／なおる

治(おさ)める 다스리다　治(おさ)まる 다스려지다

治(なお)す 고치다　治(なお)る 낫다, 고쳐지다

日本は治安がいい国です。 일본은 치안이 좋은 나라입니다.

国を治める人は政治家です。 나라를 다스리는 사람은 정치가입니다.

治 治 治 治 治 治 治 治

協

화할 협

부수 : 十

음 きょう

協会(きょうかい) 협회　協議(きょうぎ) 협의

協同(きょうどう) 협동

協力(きょうりょく) 협력

妥協(だきょう) 타협

協会に加入しました。 협회에 가입했습니다.

協 十 忄 忄 忖 協 協 協 協

46

06과

9획

建 세울 건	**軍** 군사 군	**紀** 벼리 기	**単** 홑 단	**変** 변할 변
飛 날 비	**省** 살필 성/덜 생	**信** 믿을 신	**約** 대략 약	**栄** 영화 영
要 요긴할 요	**勇** 날랠 용	**胃** 밥통 위	**昨** 어제 작	**便** 편할 편/똥오줌 변
浅 얕을 천	**祝** 빌 축	**型** 모형 형		

47

建

세울 건

부수 : 廴

음 けん／こん

建国(けんこく) 건국　建設(けんせつ) 건설

再建(さいけん) 재건　建立(こんりゅう) 건립, 절이나 탑 등을 세움

훈 たてる／たつ

建(た)てる (건물을) 짓다, 설립하다　建(た)つ (건물이) 세워지다

に がつじゅういちにち　　に ほん　　けんこく き ねん び
２月１１日は日本の建国記念日です。 2월 11일은 일본의 건국기념일입니다.

いえ　た
家を建てました。 집을 지었습니다.

コ ユ ヨ ヨ 聿 聿 律 建 建

Tip

★ 建(けん)과 健(けん)은 동음이의어의 한자입니다. '사람인변(亻)'의 유무로 뜻이 달라지는 것에 주의하세요.

軍

군사 군

부수 : 車

음 ぐん

海軍(かいぐん) 해군　空軍(くうぐん) 공군　軍隊(ぐんたい) 군대

軍人(ぐんじん) 군인　従軍(じゅうぐん) 종군　陸軍(りくぐん) 육군

私の兄は空軍です。 저의 형은 공군입니다.

〵 宀 宀 宀 冃 冒 冒 宣 軍

紀

벼리 기

부수 : 糸

음 き

紀元前(きげんぜん) 기원전　紀行(きこう) 기행　世紀(せいき) 세기

風紀(ふうき) 풍기

紀行文を書きました。 기행문을 썼습니다.

〳 彑 纟 纟 糸 糸 紀 紀 紀

単

홑 단

부수 : 丷

정자 : 單

음 たん

単位(たんい) 단위　単語(たんご) 단어　単身(たんしん) 단신

単純(たんじゅん) 단순

単語を暗記してください。 단어를 암기해 주세요.

丶 丷 丷 肖 肖 肖 肖 畄 単

変

변할 변

부수 : 夂
정자 : 變

음 へん

変化(へんか) 변화　変革(へんかく) 변혁　変更(へんこう) 변경

急変(きゅうへん) 급변

훈 か**わる**／か**える**

変(か)わる 바뀌다, 변하다　変(か)える 바꾸다

社会(しゃかい)の変化(へんか)に遅(おく)れています。 사회변화에 뒤처져 있습니다.
変(か)わりのない生活(せいかつ)です。 변함없는 생활입니다.

変 亠 ナ ナ 亦 亦 亦 変 変

飛

날 비

부수 : 飛

음 ひ

飛行機(ひこうき) 비행기

훈 とぶ／とば**す**

飛(と)ぶ 날다
飛(とば)す 날리다

飛行機(ひこうき)に乗(の)って日本(にほん)に行(い)きました。 비행기를 타고 일본에 갔습니다.
トンボが空(そら)を飛(と)んでいます。 잠자리가 하늘을 날고 있습니다.

飛 飞 飞 飞 飛 飛 飛 飛 飛

省

살필 성／덜 생

부수 : 目

음 せい／しょう

帰省(きせい) 귀성　反省(はんせい) 반성　省略(しょうりゃく) 생략

훈 かえり**みる**／は**ぶく**

省(かえり)みる 돌이켜보다, 반성하다　省(はぶ)く 생략하다, 덜다

反省(はんせい)してください。 반성해 주세요.
無駄(むだ)な費用(ひよう)を省(はぶ)きました。 쓸데없는 비용을 줄였습니다.

省 小 少 少 省 省 省 省 省

信

음 しん

確信(かくしん) 확신　信条(しんじょう) 신조　信念(しんねん) 신념

信頼(しんらい) 신뢰　信(しん)じる 믿다

믿을 신

부수: イ

確信を持ってください。 확신을 가져 주세요.

私を信じてください。 저를 믿어 주세요.

ノ イ イ' 化 作 信 信 信

約

음 やく

規約(きやく) 규약　契約(けいやく) 계약　公約(こうやく) 공약

約束(やくそく) 약속　要約(ようやく) 요약

대략 약

부수: 糸

契約が満期になりました。 계약이 만기가 되었습니다.

く く幺 幺 弁 糸 糸 糸′ 約 約

50

栄

음 えい

栄光(えいこう) 영광　栄養(えいよう) 영양　繁栄(はんえい) 번영

훈 さかえる／はえる

栄(さか)える 번영하다　栄(は)える 돋보이다

영화 영

부수: 木

정자: 榮

栄養不足でやせました。 영양부족으로 말랐습니다.

国が栄えました。 나라가 번창했습니다.

ヽ ヽ'' ''' ''' 学 栄 栄 栄 栄

要

요긴할 요

부수 : 襾

음 よう

重要(じゅうよう) 중요　要求(ようきゅう) 요구　要点(ようてん) 요점

要領(ようりょう) 요령

훈 いる

要(い)る 필요하다

ようてん　せいり
要点を整理します。 요점을 정리하겠습니다.

い　　　　　　　す
要らないものは捨ててください。 필요 없는 물건은 버려 주세요.

一 一 戸 両 西 西 要 要 要

勇

날랠 용

부수 : 力

음 ゆう

勇敢(ゆうかん) 용감　勇気(ゆうき) 용기

勇士(ゆうし) 용사

훈 いさむ

勇(いさ)む 기운이 솟다

ゆうき　だ
勇気を出してください。 용기를 내세요.

しあい　いさ　で
試合に勇んで出かけました。 시합에 힘차게 나갔습니다.

ナ マ マ ア 丙 丙 両 酉 甬 勇

胃

밥통 위

부수 : 月

음 い

胃液(いえき) 위액　胃腸(いちょう) 위장

いちょう　よ
胃腸が良くないです。 위장이 좋지 않습니다.

丶 口 曰 田 田 胃 胃 胃 胃

昨

어제 작

부수 : 日

음 さく

昨日(さくじつ／きのう) 어제

昨年(さくねん) 작년, 지난해

昨年のことは忘れました。 작년의 일은 잊었습니다.
<small>さくねん</small> <small>わす</small>

ㅣ ㄇ 日 日 旷 昨 昨 昨

便

편할 편
똥오줌 변
부수 : 亻

음 べん／びん

交通の便(こうつうのべん) 교통편　不便(ふべん) 불편

便利(べんり) 편리　郵便(ゆうびん) 우편

훈 たより

便(たよ)り 소식

交通の便が悪いです。 교통편이 나쁩니다.
<small>こうつう</small> <small>べん</small> <small>わる</small>

母から便りがありました。 어머니로부터 소식이 있었습니다.
<small>はは</small> <small>たよ</small>

ノ イ 亻 仁 仁 仴 佰 便 便

52

浅

얕을 천

부수 : 氵
정자 : 淺

Tip

★ 浅(あさ)い는 '(수심, 깊이 등이) 얕다'는 의미로 쓰이는 형용사입니다. '남기다'라는 뜻의 残(のこ)す와 모양이 비슷하므로 구분해서 익혀 두세요.

음 せん

深浅(しんせん) 심천

훈 あさい

浅(あさ)い 얕다

川の深浅を測ってください。 강 깊이를 재 주세요.
<small>かわ</small> <small>しんせん</small> <small>はか</small>

川の水深は浅いです。 강의 수심은 얕습니다.
<small>かわ</small> <small>すいしん</small> <small>あさ</small>

浅 浅 浅 氵 氵 汢 浅 浅 浅

祝

빌 축

부수 : 示
정자 : 祝

음 しゅく／しゅう

祝福(しゅくふく) 축복　祝辞(しゅくじ) 축사

祝言(しゅうげん) 축사

훈 いわう

祝(いわ)う 축하하다

祝辞を述べました。 축사를 했습니다.

卒業を祝う飲み会があります。 졸업을 축하하는 술 모임이 있습니다.

礻 ラ ネ ネ ネ 祀 祀 祝 祝

型

모형 형

부수 : 土

음 けい

原型(げんけい) 원형　典型(てんけい) 전형

훈 かた

型(かた) 형, 본, 틀　血液型(けつえきがた) 혈액형

原型通りに作りました。 원형대로 만들었습니다.

模型の型を制作しました。 모형틀을 제작했습니다.

一 二 干 开 刑 刑 型 型 型

Tip

★ 型(けい)의 한자를 訓読(くんよ)み로는 かた로 발음하는데 '형태나 모양'을 나타내는 의미인 形(かたち)와 쓰임을 혼동하지 않도록 주의하세요.

07과

10획

挙 들 거	郡 고을 군	帯 띠 대	徒 무리 도	連 이을 련
料 헤아릴 료	梅 매화나무 매	脈 줄기 맥	粉 가루 분	殺 죽일 살/감할 쇄
席 자리 석	笑 웃음 소	孫 손자 손	案 책상 안	浴 목욕할 욕
残 남을 잔	借 빌/빌릴 차	差 다를 차	倉 곳집 창	特 특별할 특
航 배 항	害 해할 해	候 기후 후	訓 가르칠 훈	

挙

들 거

부수 : 手
정자 : 擧

음 きょ

快挙(かいきょ) 쾌거　挙式(きょしき) 거식　挙手(きょしゅ) 거수

選挙(せんきょ) 선거　列挙(れっきょ) 열거

훈 あげる／あがる

挙(あ)げる 올리다, 들다　挙(あ)がる 오르다, 게양되다

み せいねんしゃ　せんきょけん
未成年者は選挙権がありません。 미성년자는 선거권이 없습니다.
て　　あ　　　　　しつもん
手を挙げて質問してください。 손을 들고 질문해 주세요.

ノ ツ ヅ 学 学 兴 兴 挙 挙 挙

郡

음 ぐん

郡部（ぐんぶ）군(郡)에 속하는 지역

훈 こおり

郡（こおり）군, 일본의 옛 행정 구역

고을 군

부수 : ß

郡内に高校を作りました。 군내에 고등학교를 만들었습니다.

フ ヨ ヨ ヲ ヲ ヲ 君 君 君゛郡゛郡

帯

음 たい

一帯（いったい）일대　携帯（けいたい）휴대　包帯（ほうたい）붕대

連帯（れんたい）연대

훈 おびる／おび

帯（お）びる 띠다　帯（お）び 띠

띠 대

부수 : 巾

정자 : 帶

試験中には携帯電話の電源を切ってください。 시험 중에는 휴대폰을 꺼 주세요.

赤い色を帯びています。 빨간 색을 띠고 있습니다.

一 十 卄 卅 丗 丗 芑 芾 帯 帯

徒

음 と

学徒（がくと）학도

生徒（せいと）생도, 학생

暴徒（ぼうと）폭도

無為徒食（むいとしょく）무위도식

무리 도

부수 : 彳

生徒が運動場に集まりました。 생도가 운동장에 모였습니다.

ノ ク イ 彳 彳 彴 徉 徒 徒

連

음 れん

連結(れんけつ) 연결　連勝(れんしょう) 연승
連盟(れんめい) 연맹　連続(れんぞく) 연속

훈 つら**なる**／つら**ねる**／**つ**れる

連(つら)なる 줄지어 있다　連(つら)ねる 늘어 놓다
連(つ)れる 동반하다/데리고 오(가)다

이을 련

부수 : 辶
정자 : 連

Tip
★ 連(れん)의 한자와
'연꽃'이란 의미의 蓮
(れん／はす)는 모양
이 흡사하니 혼동하지
않도록 주의하세요.

れんしょう　　ゆうしょう
連勝で優勝しました。 연승으로 우승했습니다.
わた　どり　　む　　　　つら
渡り鳥の群れが連なっています。 철새 떼가 줄지어 있습니다.

連 連 連 連 連 連 車 連 連 連

料

음 りょう

材料(ざいりょう) 재료　料金(りょうきん) 요금　料理(りょうり) 요리
利用料(りようりょう) 이용료

헤아릴 료

부수 : 斗

りょうきん　　ね　あ
バス料金が値上がりました。 버스요금이 인상되었습니다.

料 料 料 料 料 料 料 料 料 料

梅

음 ばい

梅花(ばいか) 매화　紅梅(こうばい) 진분홍 매화

훈 うめ

梅酒(うめしゅ) 매실주

매화나무 매

부수 : 木
정자 : 梅

ばい　か　　　　　　　　　　かお
梅花のほのかな香りがします。 매화꽃의 아련한 향기가 납니다.
うめしゅ　　あま
梅酒は甘いです。 매실주는 답니다.

梅 梅 梅 梅 梅 梅 梅 梅 梅 梅

脈

줄기 맥
부수 : 月
정자 : 脈

음 みゃく

人脈(じんみゃく) 인맥　静脈(じょうみゃく) 정맥

動脈(どうみゃく) 동맥　脈拍(みゃくはく) 맥박

じんみゃく　せいこう
人脈で成功しました。 인맥으로 성공했습니다.

丿 几 月 月 凡 肵 肵 胪 胪 脈

粉

가루 분
부수 : 米

음 ふん／ぷん

粉食(ふんしょく) 분식　粉末(ふんまつ) 분말　澱粉(でんぷん) 전분

훈 こ／こな

小麦粉(こむぎこ) 소맥분, 밀가루　粉雪(こなゆき) 가랑눈

粉々(こなごな) 산산조각

ふんしょく　けんこう
粉食は健康にいいです。 분식은 건강에 좋습니다.
こなごな
粉々になりました。 산산조각 났습니다.

丶 丷 丷 半 半 米 米 粉 粉 粉

殺

죽일 살 /
감할 쇄
부수 : 殳
정자 : 殺

음 さつ／さい／せつ

殺人(さつじん) 살인　自殺(じさつ) 자살　殺傷(さっしょう) 살상

殺到(さっとう) 쇄도　相殺(そうさい) 상쇄　殺生(せっしょう) 살생

훈 ころす

殺(ころ)す 죽이다

さつじん　ざいあく
殺人は罪悪です。 살인은 죄악입니다.
ひと　ころ
人を殺してはいけません。 사람을 죽여서는 안 됩니다.

丿 乂 杀 弁 弁 弁 杀 殺 殺 殺

席

음 せき

座席(ざせき) 좌석　主席(しゅせき) 주석　首席(しゅせき) 수석

席次(せきじ) 석차

자리 석

부수 : 巾

座席を譲ります。 좌석을 양보하겠습니다.

丶 亠 广 广 庐 庐 庐 庐 席 席

笑

음 しょう

談笑(だんしょう) 담소　微笑(びしょう) 미소

훈 わらう／えむ

笑(わら)う 웃다　笑(え)む 웃음 짓다, 꽃이 피다

웃음 소

부수 : 竹

談笑を交しました。 담소를 나누었습니다.

笑ってください。 웃어 주세요.

丿 ㇒ ㇒ ㇒ 竹 竺 竺 竿 笑 笑

孫

음 そん

外孫(がいそん) 외손　子孫(しそん) 자손　曾孫(そうそん) 증손

훈 まご

孫(まご) 손자

손자 손

부수 : 子

あの子は私の曾孫です。 저 아이는 내 증손입니다.

孫ができました。 손자가 생겼습니다.

了 了 子 子 孑 孓 孫 孫 孫 孫

案

책상 안

부수 : 木

음 あん

案内(あんない) 안내　考案(こうあん) 고안　提案(ていあん) 제안

ていあん
提案してください。 제안해 주세요.

` ` ` 宀 宀 安 安 安 宰 宰 案

浴

목욕할 욕

부수 : 氵

음 よく

混浴(こんよく) 혼욕　日光浴(にっこうよく) 일광욕

入浴(にゅうよく) 입욕　浴室(よくしつ) 욕실　浴槽(よくそう) 욕조

훈 あびる／あびせる

浴(あ)びる (물을) 뒤집어쓰다　浴(あび)せる 끼얹다, 퍼붓다

よくしつ
浴室にタオルがありません。 욕실에 타올이 없습니다.
あ
シャワーを浴びています。 샤워를 하고 있습니다.

` ` 冫 氵 氵 浐 浐 浴 浴 浴

残

남을 잔

부수 : 歹

정자 : 殘

음 ざん

残念(ざんねん) 유감　残額(ざんがく) 잔액　残酷(ざんこく) 잔혹

敗残(はいざん) 패잔

훈 のこる／のこす

残(のこ)る 남다　残(のこ)す 남기다

ざんこく　ころ
残酷に殺しました。 잔혹하게 죽였습니다.
はん　のこ　　た
ご飯を残さないで食べてください。 밥을 남기지 말고 드세요.

` ー ア 歹 歹 歼 歼 残 残 残

借

음 しゃく

借用(しゃくよう) 차용　賃借(ちんしゃく) 임차　借金(しゃっきん) 빚

훈 かりる

借(か)りる 빌리다

빌 / 빌릴 차

부수 : 亻

しゃくようしょ　か
借用書を書いてください。 차용서를 써 주세요.
としょかん　ほん　か
図書館で本を借りました。 도서관에서 책을 빌렸습니다.

丿 亻 什 什 件 借 借 借 借 借

差

음 さ

差額(さがく) 차액　差別(さべつ) 차별

差異(さい) 차이　時差(じさ) 시차

훈 さす

差(さ)す 가리다, 꽂다

다를 차

부수 : エ

がいこくじん　さ べつ
外国人を差別しています。 외국인을 차별하고 있습니다.
かさ　さ
傘を差してください。 우산을 쓰세요.

丷 丷 艹 羊 羊 差 差 差 差 差

60

倉

음 そう

穀倉(こくそう) 곡창　倉庫(そうこ) 창고

훈 くら

倉(くら) 곳간, 창고

곳집 창

부수 : 人

そうこ　こめ　だ
倉庫から米を出しました。 창고에서 쌀을 꺼냈습니다.
くら　なか　お
倉の中に置いてください。 곳간 안에 놓아 주세요.

丿 人 今 今 今 今 今 倉 倉 倉

Tip

★ 倉(そう)는 '創造(そうぞう) 창조'의 創(そう)와 동음이의어입니다. 모양도 비슷하니 혼동하지 않도록 주의하세요.

特

특별할 특

부수 : 牛

음 とく

음 とく

特殊(とくしゅ) 특수　特性(とくせい) 특성　独特(どくとく) 독특
特別(とくべつ) 특별

特殊な部品を使いました。 특수한 부품을 사용했습니다.

`丶 ㇒ 牛 牛 牛 牜 牜 特 特 特`

航

배 항

부수 : 舟

음 こう

運航(うんこう) 운항　航海(こうかい) 항해　航路(こうろ) 항로
密航(みっこう) 밀항

途中で航路を変えました。
도중에 항로를 바꾸었습니다.

`丶 ㇒ 丿 介 亣 舟 舟 舫 舫 航`

Tip
★ 航(こう)의 한자는
'船舶(せんぱく) 선
박'에 쓰이는 한자 船
(せん)과 혼동하기 쉬
우니 주의하세요. 뜻이
비슷하지만 쓰임에 차
이가 많은 한자입니다.

害

해할 해

부수 : 宀

음 がい

害虫(がいちゅう) 해충　傷害(しょうがい) 상해　被害(ひがい) 피해
妨害(ぼうがい) 방해

彼が話し合いを妨害しました。 그가 상담을 방해했습니다.
被害が大きいです。 피해가 큽니다.

`丶 ㇔ 宀 宀 宀 宝 宝 害 害 害`

Tip
★ 害(がい)는 '쪼개다'
란 의미의 한자인 割
(わ)る와 한자의 모양
이 비슷하니 쓸 때에
주의하세요.

候

기후 후

부수 : 亻

음 こう

気候(きこう) 기후　候補(こうほ) 후보

症候(しょうこう) 증후

훈 そうろう

候(そうろ)う '있다'의 겸양어

気候の変化がはげしいです。 기후 변화가 심합니다.

彼が候補に上がりました。 그가 후보에 올랐습니다.

ノ イ 亻 亻 亻 佢 佢 佢 候 候

訓

가르칠 훈

부수 : 言

음 くん

家訓(かくん) 가훈　教訓(きょうくん) 교훈　訓練(くんれん) 훈련

訓読(くんよ)み 훈독

このことから学んだ教訓は、忘れてはいけません。

이 일로 배운 교훈은 잊어서는 안 됩니다.

、 一 二 三 言 言 言 訂 訓 訓

11획

康 편안 강	健 굳셀 건	械 기계 계	救 구원할 구	堂 집 당
得 얻을 득	陸 뭍 륙	望 바랄 망	副 버금 부	産 낳을 산
巢 새집 소	停 머무를 정	唱 부를 창	菜 나물 채	清 맑을 청
側 곁 측	敗 패할 패	票 표 표	貨 재물 화	

康

음 こう

健康(けんこう) 건강

편안 강

부수 : 广

けんこう　からだ　たも
健康な体を保っています。 건강한 몸을 유지하고 있습니다.

丶 亠 广 广 庐 庐 序 序 序 康 康

健

굳셀 건

부수 : 亻

음 けん

健康(けんこう) 건강　健闘(けんとう) 건투

保健所(ほけんじょ) 보건소

훈 すこやか

健(すこや)かだ 건강하다

健康診断を受けたいです。 건강진단을 받고 싶습니다.

いつも健かな生活をしています。 언제나 건강한 생활을 하고 있습니다.

亻 亻 亻 亻 亻 伊 伊 伊 伊 健 健

械

기계 계

부수 : 木

음 かい

機械(きかい) 기계

機械が壊れました。 기계가 고장 났습니다.

械 十 朾 械 朾 朾 杙 栎 械 械 械

救

구원할 구

부수 : 攵

음 きゅう

救急(きゅうきゅう) 구급　救命(きゅうめい) 구명

훈 すくう

救(すく)う 구하다

救命ボートに乗ってください。 구명보트에 타 주세요.

人の命を救いました。 사람 생명을 구했습니다.

一 十 寸 寸 才 求 求 救 救 救 救

64

堂

음 **どう**

講堂(こうどう) 강당　聖堂(せいどう) 성당　殿堂(でんどう) 전당

집 당

부수 : 土

こうどう　そつぎょうしき　おこな
講堂で卒業式を行いました。 강당에서 졸업식을 거행했습니다.

⎿ 业 北 当 学 堂 堂 堂 堂 堂 堂

得

음 **とく**

得意(とくい) 득의, 잘함　得点(とくてん) 득점　利得(りとく) 이득

説得(せっとく) 설득　納得(なっとく) 납득

훈 **える／うる**

得(え)る 얻다　得(う)る (ます형에 붙어) ~할 수 있다

얻을 득

부수 : 彳

なっとく
どうしても納得がいきません。 도저히 납득이 가지 않습니다.

りょこう　え　　　　おお
旅行は得るものが多いです。 여행은 얻는 것이 많습니다.

⎿ ⎾ ⎾ 彳 彳 彳 得 得 得 得 得

陸

음 **りく**

水陸(すいりく) 수륙　大陸(たいりく) 대륙　陸軍(りくぐん) 육군

陸上(りくじょう) 육상

뭍 륙

부수 : 阝

かれ　りくじょうきょうぎ　せんしゅ
彼は陸上競技の選手です。 그는 육상경기 선수입니다.

⎿ ⎾ 阝 阝 阡 陸 陸 陸 陸 陸 陸

望

바랄 망

부수 : 月

Tip
★ 望(ぼう)는 인명으로 쓰이는 경우도 있는데, 그 예로 望月(もちつき)라고 발음하는 성씨가 존재합니다.

음 ぼう／もう

渇望(かつぼう) 갈망　希望(きぼう) 희망　欲望(よくぼう) 욕망

本望(ほんもう) 본래의 희망, 숙원

훈 のぞむ

望(のぞ)む 바라다

希望を捨てないで努力します。 희망을 버리지 않고 노력하겠습니다.

訪問を望んでいます。 방문을 바라고 있습니다.

亠 亡 亡 切 朔 胡 胡 望 望 望

副

버금 부

부수 : 刂

음 ふく

副詞(ふくし) 부사　副社長(ふくしゃちょう) 부사장

副総理(ふくそうり) 부총리　副大統領(ふくだいとうりょう) 부통령

この方が副会長です。 이 분이 부회장입니다.

一 一 一 一 一 畐 畐 畐 副 副

産

낳을 산

부수 : 生

음 さん

生産(せいさん) 생산　産業(さんぎょう) 산업

水産業(すいさんぎょう) 수산업

훈 うむ／うまれる／うぶ

産(う)む 생산하다　産(う)まれる 태어나다

産声(うぶごえ) 고고지성(아이가 태어나서 처음으로 내는 소리)

工場でゴムを生産しています。 공장에서 고무를 생산하고 있습니다.

悪い結果を産みました。 나쁜 결과를 낳았습니다.

亠 亠 亠 立 产 产 产 產 產 產

巣

새집 소

부수 : 巛
정자 : 巣

음 そう

卵巣(らんそう) 난소　巣窟(そうくつ) 소굴

훈 す

巣(す) 집, 둥지　巣立(すだ)つ 보금자리를 떠나다, 자립하다

らんそう
卵巣のホルモンです。 난소의 호르몬입니다.

き　うえ　　　　　　　　　　す
木の上にかささぎの巣があります。 나무 위에 까치집이 있습니다.

丶 ｀ ｿ ｿ ｿ 丗 ｿ 単 単 巣

停

머무를 정

부수 : 亻

음 てい

停止(ていし) 정지　停車(ていしゃ) 정차

停留所(ていりゅうじょ) 정류소

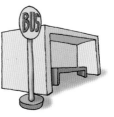

こうさてん　　　いちじていし
交差点では、一時停止です。 교차로에서는 일지정지입니다.

ノ イ イ 伫 伫 伫 停 停 停 停 停

唱

부를 창

부수 : 口

음 しょう

合唱(がっしょう) 합창　主唱(しゅしょう) 주창

提唱(ていしょう) 제창　独唱(どくしょう) 독창

훈 となえる

唱(とな)える 외치다, 주창하다

こくりつがっしょうだん　　にゅうだん
国立合唱団に入団しました。 국립합창단에 입단했습니다.

はんたい　　とな
みんなが反対を唱えました。 모두가 반대를 주장했습니다.

丨 丨 口 叩 叩 唱 唱 唱 唱 唱

菜

음 **さい**

菜食(さいしょく) 채식　野菜(やさい) 야채

훈 **な**

菜(な)の花(はな) 유채꽃

나물 **채**

부수 : 艹
정자 : 菜

肉(にく)より野菜(やさい)を食(た)べてください。 고기보다 야채를 드세요.

菜(な)の花(はな)は食(た)べられます。 유채꽃은 먹을 수 있습니다.

一　十　艹　艹　艹　艹　艹　芋　芊　菜

清

음 **せい／しょう**

清潔(せいけつ) 청결　清明(せいめい) 청명　清酒(せいしゅ) 청주

清算(せいさん) 청산　清掃(せいそう) 청소

훈 **きよい／きよまる／きよめる**

清(きよ)い 맑다　清(きよ)まる 맑아지다　清(きよ)める 맑게 하다

맑을 **청**

부수 : 氵
정자 : 清

体(からだ)を清潔(せいけつ)にしてください。 몸을 청결하게 하세요.

身(み)も心(こころ)も清(きよ)める。 몸도 마음도 맑게 하다.

清　清　清　清　清　清　清　清　清　清

68

Tip

★ '날씨가 맑다'고 할 때에는 晴(は)れる라고 쓰고 '물이나 공기가 맑다'고 할 때에는 清(きよ)い라고 씁니다.

側

음 **そく**

側面(そくめん) 측면　側室(そくしつ) 측실　側近(そっきん) 측근

훈 **かわ**

内側(うちがわ) 안쪽

곁 **측**

부수 : 亻

彼(かれ)は大統領(だいとうりょう)の側近(そっきん)です。 그는 대통령의 측근입니다.

内側(うちがわ)にあります。 안쪽에 있습니다.

ノ　イ　イ　individuals 们　但　但　但　俱　俱　側　側

敗

음 はい

失敗(しっぱい) 실패　勝敗(しょうはい) 승패　敗戦(はいせん) 패전

腐敗(ふはい) 부패

훈 やぶれる

敗(やぶ)れる 패하다, 지다

패할 패

부수 : 攵

腐敗した社会に発展はありません。 부패한 사회에 발전은 없습니다.
<small>ふ はい　　　しゃかい　　はってん</small>

W杯でドイツはブラジルに敗れました。 월드컵에서 독일은 브라질에 패했습니다.
<small>ワールドカップ　　　　　　　　　　やぶ</small>

丨 冂 冂 冃 目 貝 貝 貯 敗 敗 敗

票

음 ひょう

開票(かいひょう) 개표　伝票(でんぴょう) 전표

得票(とくひょう) 득표　投票(とうひょう) 투표

票決(ひょうけつ) 표결

표 표

부수 : 示

開票の結果が出ました。 개표 결과가 나왔습니다.
<small>かいひょう　けっか　で</small>

一 一 一 一 而 而 西 票 票 票 票 票

Tip

★ 票(ひょう)와 標
(ひょう)는 일본어로도
한국어로도 발음이 같
은 동음이의어입니다.
뜻이나 모양도 매우 비
슷하여 혼동하기 쉬우
니 나무 목(木) 부수가
있고 없음에 주의하세
요.(標는 89쪽 참조.)

貨

음 か

貨幣(かへい) 화폐　硬貨(こうか) 경화(금속화폐), 코인

貨物(かもつ) 화물　貨車(かしゃ) 화차　通貨(つうか) 통화

재물 화

부수 : 貝

日本の通貨単位は円です。 일본의 통화 단위는 엔입니다.
<small>に ほん　つう か たん い　えん</small>

ノ イ 亻 代 代 作 貨 貨 貨 貨 貨

12획

街	거리 가	覚	깨달을 각	結	맺을 결	景	볕 경	極	다할/극진할 극
給	줄 급	達	통달할 달	隊	무리 대	量	헤아릴 량	満	찰 만
無	없을 무	博	넓을 박	飯	밥 반	費	쓸 비	散	흩을 산
象	코끼리 상	焼	사를 소	順	순할 순	然	그럴 연	貯	쌓을 저
最	가장 최	喜	기쁠 희						

街

거리 가
부수 : 行

음 がい／かい

街頭(がいとう) 가두　市街地(しがいち) 시가지　街道(かいどう) 가도

훈 まち

街(まち) 거리

市街地の交通量を調べます。 시가지의 교통량을 조사합니다.
(しがいち こうつうりょう しら)

街で友達と会いました。 시내에서 친구와 만났습니다.
(まち ともだち あ)

彳 彳 彳 彳 彳 街 街 街 街 街 街 街

覚

깨달을 각

부수 : 見

정자 : 覺

음 かく

覚醒(かくせい) 각성　視覚(しかく) 시각　錯覚(さっかく) 착각

自覚(じかく) 자각

훈 おぼえる／さます／さめる

覚(おぼ)える 기억하다　覚(さ)ます 깨우다　覚(さ)める 잠에서 깨다

勉強の大切さを自覚しました。 공부의 중요함을 자각했습니다.

名前を覚えてください。 이름을 기억해 주세요.

丶　ツ　ツ　ツ　学　学　学　觉　觉　觉　覚

結

맺을 결

부수 : 糸

음 けつ

結論(けつろん) 결론　終結(しゅうけつ) 종결

団結(だんけつ) 단결　結果(けっか) 결과　結婚(けっこん) 결혼

훈 むすぶ／ゆう／ゆわえる

結(むす)ぶ 잇다, 묶다　結(ゆ)う 매다, 묶다, 머리를 땋다

結(ゆわ)える 매다, 묶다

結論を出します。 결론을 내겠습니다.

ひもを結んでください。 끈을 매 주세요.

ㄥ　ㄠ　ㄠ　乡　糸　糸　紅　紆　結　結　結

景

볕 경

부수 : 日

음 けい

景気(けいき) 경기　景色(けしき) 경치　光景(こうけい) 광경

韓国の景気がよくなりました。 한국의 경기가 좋아졌습니다.

丶　ㅁ　ㅁ　日　ロ　早　昙　물　景　景　景

極

다할 /
극진할 극
부수 : 木

음 きょく／ごく

極東(きょくとう) 극동　北極(ほっきょく) 북극

南極(なんきょく) 남극　極秘(ごくひ) 극비

훈 きわめる／きわまる／きわみ

極(きわ)める 한도에 이르다　極(きわ)まる 극히 ~하다

極(きわ)み 극도, 극점, 끝

極東アジアは経済が発展しました。 극동아시아는 경제가 발전했습니다.

極めて苦しい状況です。 지극히 고통스런 상황입니다.

一 十 木 木 杧 杧 柯 柯 極 極 極 極

給

줄 급
부수 : 糸

음 きゅう

月給(げっきゅう) 월급　給水(きゅうすい) 급수

給料(きゅうりょう) 급료　支給(しきゅう) 지급

時給(じきゅう) 시급　日給(にっきゅう) 일급

補給(ほきゅう) 보급

給料が安いです。 급여가 쌉니다.

く幺幺幺糸糸糸糸糸給給給

達

통달할 달
부수 : 辶
정자 : 達

음 たつ

上達(じょうたつ) 숙달　配達(はいたつ) 배달　達成(たっせい) 달성

到達(とうたつ) 도달

目標を達成しました。 목표를 달성했습니다.

一 十 士 吉 吉 幸 奎 圣 幸 達 達

隊

무리 대

부수 : 阝
정자 : 隊

음 たい

軍隊(ぐんたい) 군대　入隊(にゅうたい) 입대

大隊(だいたい) 대대　中隊(ちゅうたい) 중대

隊長(たいちょう) 대장　部隊(ぶたい) 부대

入隊(にゅうたい)する前(まえ)に髪(かみ)を切(き)りました。 입대하기 전에 머리를 잘랐습니다.

阝 阝 阝 阝 隊 阝 阝 阝 隊 隊 隊

量

헤아릴 량

부수 : 里

음 りょう

裁量(さいりょう) 재량　質量(しつりょう) 질량　測量(そくりょう) 측량

物量(ぶつりょう) 물량　分量(ぶんりょう) 분량

훈 はかる

量(はか)る 무게를 달다

裁量(さいりょう)に任(まか)せます。 재량에 맡기겠습니다.

小包(こづつみ)の重(おも)さを量(はか)ってください。 소포의 무게를 달아주세요.

旦 口 旦 量 量 旦 昌 昌 昌 量 量 量

満

찰 만

부수 : 氵
정자 : 滿

음 まん

満足(まんぞく) 만족　満期(まんき) 만기　未満(みまん) 미만

不満(ふまん) 불만

훈 みちる

満(み)ちる 충만하다

これで満足(まんぞく)します。 이것으로 만족합니다.

喜(よろこ)びに満(み)ちています。 기쁨으로 충만합니다.

満 満 満 氵 汁 汁 満 満 満 満 満 満

無

없을 무

부수 : 灬

음 む／ぶ

有無(うむ) 유무　無言(むごん) 무언　無情(むじょう) 무정

無理(むり) 무리

훈 ない

無(な)い 없다

無情に去っていきました。 무정하게 떠나갔습니다.
人情が無い人です。 인정이 없는 사람입니다.

無無無無無無無無無無無無

博

넓을 박

부수 : 十
정자 : 博

음 はく／ばく

博識(はくしき) 박식　博愛(はくあい) 박애

博士(はくし／はかせ) 박사　博物館(はくぶつかん) 박물관

博覧会(はくらんかい) 박람회

博労(ばくろう) 말이나 소의 매매나 중개를 하는 사람

博物館を見学しました。 박물관을 견학했습니다.

博博博博博博博博博博博博

飯

밥 반

부수 : 食
정자 : 飯

음 はん

ご飯(はん) 밥　飯場(はんば) 노무자 합숙소　夕飯(ゆうはん) 저녁밥

훈 めし

焼(や)き飯(めし) 볶음밥

ご飯は主食です。 밥은 주식입니다.
必ず朝ご飯は食べてください。 꼭 아침밥은 드세요.

飯飯飯飯飯飯飯飯飯飯飯飯

費

쓸 비

부수 : 貝

음 ひ

学費(がくひ) 학비　経費(けいひ) 경비　雑費(ざっぴ) 잡비

消費(しょうひ) 소비　費用(ひよう) 비용　浪費(ろうひ) 낭비

훈 つい**やす**／つい**える**

費(つい)やす 소비하다, 낭비하다　費(つい)える 줄다, 적어지다, 허비되다

アルバイトで学費を稼ぎます。 아르바이트로 학비를 법니다.

時間を費やさないでください。 시간을 낭비하지 마세요.

一 弓 弓 弗 弗 書 書 貴 貴 費 費

散

흩을 산

부수 : 攵

음 さん

解散(かいさん) 해산　散歩(さんぽ) 산책　散文(さんぶん) 산문

훈 ち**る**／ち**らす**／ち**らかす**／ち**らかる**

散(ち)る 떨어지다, 흩어지다　散(ち)らす 어지르다, 어수선하게 하다

散(ち)らかす 어지르다　散(ち)らかる 흩어지다, 널브러지다

公園で散歩をしています。 공원에서 산책을 하고 있습니다.

葉っぱが散っています。 잎이 떨어지고 있습니다.

一 十 艹 艹 艹 昔 昔 背 背 散 散

象

코끼리 상

부수 : 豕

음 しょう／ぞう

印象(いんしょう) 인상　現象(げんしょう) 현상

抽象(ちゅうしょう) 추상　象(ぞう) 코끼리

印象的な映画でした。 인상적인 영화였습니다.

動物園の象が妊娠中です。 동물원의 코끼리가 임신중입니다.

丿 乃 乃 乌 乌 乌 争 争 象 象 象

焼

사를 소

부수 : 火

정자 : 燒

음 しょう

焼却(しょうきゃく) 소각　焼失(しょうしつ) 소실

燃焼(ねんしょう) 연소

훈 やく／やける

焼(や)く 태우다　焼(や)ける 타다

家が焼失しました。 집이 소실되었습니다.

ハワイで焼きました。 하와이에서 (피부를) 태웠습니다.

〴 〵 ナ 火 灶 灼 灶 炸 焼 焼 焼 焼

順

순할 순

부수 : 頁

음 じゅん

順序(じゅんじょ) 순서

語順(ごじゅん) 어순

順調(じゅんちょう) 순조

韓国語と語順が同じです。 한국어와 어순이 같습니다.

丿 丿 川 川 川 川 川 順 順 順 順 順

然

그럴 연

부수 : 灬

음 ぜん／ねん

自然(しぜん) 자연　当然(とうぜん) 당연　呆然(ぼうぜん) 망연

天然(てんねん) 천연

自然を愛しています。 자연을 사랑하고 있습니다.

丿 ク タ タ 夕 夕 外 然 然 然 然 然

貯

음 ちょ

貯金(ちょきん) 저금　貯水池(ちょすいち) 저수지

貯蓄(ちょちく) 저축

쌓을 저

부수 : 貝

ちょきん　みらい　ざいさん
貯金は未来の財産です。 저금은 미래의 재산입니다.

丨 冂 冂 日 日 貝 貝 貯 貯 貯 貯

最

음 さい

最新(さいしん) 최신　最初(さいしょ) 최초　最大(さいだい) 최대

훈 もっとも

最(もっと)も 가장

가장 최

부수 : 日

さいしょ　はっけん
最初に発見しました。 최초로 발견했습니다.
もっと　よ　しょうひん
最も良い商品です。 가장 좋은 상품입니다.

丨 冂 日 日 旦 昮 昮 昮 昮 昮 最 最

喜

음 き

喜悦(きえつ) 기쁨, 희열　喜寿(きじゅ) 희수(77세)

훈 よろこぶ

喜(よろこ)ぶ 기뻐하다

기쁠 희

부수 : 口

きじゅ　いわ
喜寿のお祝いをしました。 희수 축하를 했습니다.
よろこ
喜んでください。 기뻐해 주세요.

一 十 士 吉 吉 吉 吉 直 亭 喜 喜 喜

10과

13획

働 일할 동	辞 말씀 사	続 이을 속	試 시험 시	愛 사랑 애
塩 소금 염	腸 창자 장	戦 싸움 전	節 마디 절	照 비칠 조
置 둘 치				

働

음 どう

労働(ろうどう) 노동　実働(じつどう) 실동(실제로 일하고 있음)

훈 はたらく

働(はたら)く 일하다

일할 동

부수 : 亻

労働力が足りません。 노동력이 부족합니다.
ろうどうりょく　た

工場で働いています。 공장에서 일하고 있습니다.
こうじょう　はたら

ノ イ イ イ′ イ″ 信 信 信 信 信 偅 偅 働 働

Tip
★ 働(どう)는 사람(人)이 움직인다(動), 즉 '일하다'란 의미로, 일본에서 만들어진 한자입니다. 동사 働(はたら)く로 활용됩니다. 덧붙여 '노동'을 한자로 표기할 때 한국에서는 '労動'이라 표기하지만 일본에서는 '労働(ろうどう)'라고 표기한다는 것도 알아두세요.

辞

말씀 사

부수 : 辛
정자 : 辭

음 じ

辞書(じしょ) 사전　辞職(じしょく) 사직　辞退(じたい) 사퇴

辞任(じにん) 사임　祝辞(しゅくじ) 축사

훈 やめる

辞(や)める 그만두다

辞職願いを出しました。 사직서를 냈습니다.

会社を辞めました。 회사를 그만두었습니다.

丶 ニ 千 千 舌 舌 舌 舌 舌 舌 辞 辞 辞

続

이을 속

부수 : 糸
정자 : 續

음 ぞく

継続(けいぞく) 계속　持続(じぞく) 지속　接続(せつぞく) 접속

連続(れんぞく) 연속

훈 つづく／つづける

続(つづ)く 계속되다　続(つづ)ける 계속하다

インターネットが接続されました。 인터넷이 접속되었습니다.

幸運が続いています。 행운이 계속되고 있습니다.

乚 幺 幺 糸 糸 糸 紅 紵 続 続 続 続

試

시험 시

부수 : 言

음 し

試験(しけん) 시험　試行(しこう) 시행　試食(ししょく) 시식

試着(しちゃく) 시착

훈 こころみる／ためす

試(こころ)みる 시험해 보다　試(ため)す 시험하다

試験で満点を取りました。 시험에서 만점을 받았습니다.

試して見てください。 시험해 보세요.

丶 ニ 宀 言 言 言 言 訂 訂 試 試 試

愛

사랑 애

부수 : 心

Tip

★ 우리나라에서 흔히 얘기하는 '애인, 연인'은 愛人(あいじん)이 아니라 恋人(こいびと)가 적절합니다. 愛人(あいじん)은 '불륜 관계, 정부'를 뜻합니다.

음 あい

愛情(あいじょう) 애정　愛人(あいじん) 연인, 정부, 애인
恋愛(れんあい) 연애　愛(あい)する 사랑하다

あいじょう
愛情があふれています。 애정이 넘치고 있습니다.

`ノ ∽ ⌒ ⌒ ∾ ∾ 严 奈 爱 爱 愛 愛 愛`

塩

소금 염

부수 : 土
정자 : 鹽

음 えん

塩分(えんぶん) 염분　食塩(しょくえん) 식염　塩田(えんでん) 염전

훈 しお

塩(しお) 소금

しょくえん　つく
食塩を作っています。 식염을 만들고 있습니다.
しお
塩をかけてください。 소금을 쳐 주세요.

`一 十 土 圵 圹 圹 圹 垆 垆 塩 塩 塩`

腸

창자 장

부수 : 月
정자 : 腸

음 ちょう

胃腸(いちょう) 위장
大腸(だいちょう) 대장
盲腸(もうちょう) 맹장

もうちょうえん　しゅじゅつ
盲腸炎で手術をしました。 맹장염으로 수술을 했습니다.

`丿 刀 月 月 肝 肟 朋 脂 脳 腸 腸 腸`

80

戦

싸움 전

부수 : 戈
정자 : 戰

음 せん

戦士(せんし) 전사　激戦(げきせん) 격전　戦争(せんそう) 전쟁

戦闘(せんとう) 전투　戦友(せんゆう) 전우

훈 いくさ／たたかう

戦(いくさ) 싸움, 전쟁　戦(たたか)う 싸우다

戦闘が始まりました。 전투가 시작되었습니다.

アメリカと戦っています。 미국과 싸우고 있습니다.

`丷 丷 丷 丷 屵 屵 畄 単 単 単 戦 戦 戦`

節

마디 절

부수 : 竹
정자 : 節

음 せつ／せち

節約(せつやく) 절약　関節(かんせつ) 관절　季節(きせつ) 계절

お節(せち) 정월이나 명절 등에 쓰는 특별 요리

훈 ふし

節(ふし) 마디　節穴(ふしあな) 옹이구멍

関節が痛いです。 관절이 아픕니다.

水を節約して使います。 물을 절약해서 씁니다.

`⺊ ⺊ ⺊ ⺮ ⺮ 竿 竿 笁 笁 筲 笳 節 節`

照

비칠 조

부수 : 灬

음 しょう

参照(さんしょう) 참조　照明(しょうめい) 조명

対照(たいしょう) 대조

훈 てる／てらす／てれる

照(て)る 비치다　照(て)らす 비추다　照(て)れる 부끄러워하다

これと対照的です。 이것과 대조적입니다.

電灯で照らしています。 전등으로 비추고 있습니다.

`丨 冂 日 日 旫 昭 昭 昭 昭 照 照 照 照`

置

둘 치

부수 : 罒

음 ち

安置(あんち) 안치　位置(いち) 위치　処置(しょち) 처치

配置(はいち) 배치　放置(ほうち) 방치

훈 おく

置(お)く 놓다

放置(ほうち)しない方(ほう)がいいです。 방치하지 않는 것이 좋습니다.

そこに置(お)いてください。 거기에 놓아주세요.

ー 口 罒 罒 罒 罗 严 罗 罗 罗 罗 署 置

82

14~15 획

管 대롱 / 주관할 관	関 관계할 관	旗 기 기	歴 지날 력	説 말씀 설
漁 고기잡을 어	静 고요할 정	種 씨 종	察 살필 찰	課 공부할 / 과정 과
器 그릇 기	輪 바퀴 륜	賞 상줄 상	選 가릴 선	養 기를 양
億 억 억	熱 더울 열	標 표할 표		

管

음 かん

管理(かんり) 관리　血管(けっかん) 혈관　所管(しょかん) 소관

훈 くだ

管(くだ) 관

대롱 /
주관할 관

부수 : 竹

血管に注射を打ちます。 혈관에 주사를 놓습니다.

水道管が詰まりました。 수도관이 막혔습니다.

Tip

★ 管理(かんり)는 '바람직한 상태가 유지되도록 돌봄'이라는 뜻입니다. 官僚(かんりょう) 관료라는 단어에 쓰이는 한자 官(かん)과 모양이 유사하므로 혼동하여 사용하지 않도록 주의하세요.

丿 ｀ ｀ ⺮ ⺮ ⺮ 竺 竺 竺 竺 管 管 管

関

관계할 관

부수 : 門
정자 : 關

음 かん

関係(かんけい) 관계　関門(かんもん) 관문　機関(きかん) 기관

税関(ぜいかん) 세관

훈 せき

関所(せきしょ) 관문

あの二人はあやしい関係です。저 두 사람은 수상한 관계입니다.

ここは大阪の関所です。이곳은 오사카의 관문입니다.

｜ 厂 厂 厂 厅 厅 門 門 門 門 門 閂 関 関

旗

기 기

부수 : 方

84

음 き

旗手(きしゅ) 기수　校旗(こうき) 교기

훈 はた

旗(はた) 기, 깃발

校旗の旗手をしたことがあります。교기 기수를 한 적이 있습니다.

旗をかかげました。기를 내걸었습니다.

㫃 㫃 亠 方 方 扩 护 挤 旅 旅 旗 旗 旗

歴

지날 력

부수 : 止
정자 : 歷

음 れき

経歴(けいれき) 경력　履歴(りれき) 이력

歴史(れきし) 역사

歴任(れきにん) 역임

履歴書を出してください。이력서를 제출해 주세요.

一 厂 厂 厂 厔 厤 厤 厤 厤 厤 厤 歷 歷 歴 歴

説

말씀 설

부수 : 言
정자 : 説

음 せつ／ぜい

学説(がくせつ) 학설　説明(せつめい) 설명　説教(せっきょう) 설교

説得(せっとく) 설득　遊説(ゆうぜい) 유세

훈 とく

説(と)く 말하다, 설득하다

せつめい むずか
説明が難しいです。 설명이 어렵습니다.
ひと どうり と
人の道理を説いています。 사람의 이치를 설명하고 있습니다.

言 ` ⇒ ≒ 言 言 言 言 言 訓 訓 説 説 説 説

漁

고기잡을 어

부수 : 氵

음 ぎょ／りょう

漁業(ぎょぎょう) 어업　漁船(ぎょせん) 어선

漁村(ぎょそん) 어촌　漁民(ぎょみん) 어민

漁師(りょうし) 어부, 고기잡이

ぎょぎょうけん あらそ
漁業権で争っています。 어업권으로 싸우고 있습니다.

丶 冫 氵 汀 汋 汋 渔 渔 渔 渔 漁 漁 漁 漁

静

고요할 정

부수 : 青
정자 : 靜

음 せい／じょう

安静(あんせい) 안정　静粛(せいしゅく) 정숙　静脈(じょうみゃく) 정맥

훈 しず／しずか／しずまる／しずめる

静(しず)かだ 조용하다　静(しず)まる 조용히 가라앉다, 진정되다
静(しず)める 가라앉히다, 진정시키다

せいしゅく
静粛にしてください。 정숙해 주세요.
しず せいかく
静かな性格です。 조용한 성격입니다.

一 二 十 主 青 青 青 青 青 静 静 静 静

種

음 しゅ

種目(しゅもく) 종목　種類(しゅるい) 종류　人種(じんしゅ) 인종

훈 たね

種(たね) 종자, 씨

씨 종

부수 : 禾

しゅるい　おお
種類が多いです。　종류가 많습니다.

たね　た
すいかの種は食べてもいいです。　수박씨는 먹어도 좋습니다.

種 ー 千 禾 禾 禾 种 稻 稻 稻 稀 種 種 種

察

음 さつ

観察(かんさつ) 관찰　警察(けいさつ) 경찰　考察(こうさつ) 고찰

視察(しさつ) 시찰

살필 찰

부수 : 宀

しさつ　き
視察に来ました。　시찰하러 왔습니다.

86

察 ㆍ ㆍ 宀 宀 灾 灾 灾 灾 突 突 察 察 察 察

15획

課

음 か

課業(かぎょう) 과업　課税(かぜい) 과세　課題(かだい) 과제

공부할 /
과정 과

부수 : 言

かだい　あた
課題を与えました。　과제를 주었습니다.

課 ㆍ ㆍ ㆍ 言 言 言 言 訂 評 評 評 課 課 課

器

그릇 기

부수 : 口
정자 : 器

4학년 14~15획

음 き

楽器(がっき) 악기　器具(きぐ) 기구　食器(しょっき) 식기

消火器(しょうかき) 소화기

훈 うつわ

器(うつわ) 그릇, 용기

できる楽器は一つもありません。 할 수 있는 악기는 하나도 없습니다.

彼は器の大きな人物です。 그는 그릇이 큰 인물입니다.

丨　丬　口　叩　叩　叩　罒　哭　哭　哭　器　器　器　器

輪

바퀴 륜

부수 : 車

음 りん

車輪(しゃりん) 차륜, 수레바퀴　輪番(りんばん) 윤번

훈 わ

指輪(ゆびわ) 반지　輪切(わぎ)り 원통형의 물건을 단면이 둥글게 썲

学校では輪番で掃除をしています。 학교에서는 윤번으로 청소를 하고 있습니다.

大根を輪切りにしてください。 무우를 둥글게 썰어 주세요.

一　ㄷ　ㅁ　ㅁ　目　車　車　軒　軒　軒　輪　輪　輪　輪

賞

상줄 상

부수 : 貝

음 しょう

鑑賞(かんしょう) 감상　賞金(しょうきん) 상금

賞状(しょうじょう) 상장　賞罰(しょうばつ) 상벌

賞金がかかっています。 상금이 걸려 있습니다.

丨　丬　丬　半　半　半　党　営　営　尚　尚　尚　賞　賞

選

음 せん

選挙(せんきょ) 선거　選択(せんたく) 선택　選別(せんべつ) 선별

훈 えらぶ

選(えら)ぶ 선택하다

가릴 선

부수 : ⻌
정자 : 選

一(ひと)つを選択(せんたく)してください。 하나를 선택해 주세요.

班長(はんちょう)を選(えら)びました。 반장을 뽑았습니다.

選 選 選 ⼁ ⼁ ⼁ ⺒ ⺒ ⺒ ⺒ 咢 咢 咢 異 異 選 選

養

음 よう

栄養(えいよう) 영양　教養(きょうよう) 교양　修養(しゅうよう) 수양

養育(よういく) 양육　養成(ようせい) 양성

훈 やしなう

養(やしな)う 기르다

기를 양

부수 : 食

優秀(ゆうしゅう)な人材(じんざい)を養成(ようせい)しています。 우수한 인재를 양성하고 있습니다.

子(こ)を養(やしな)う気持(きも)ちです。 자식을 기르는 마음입니다.

養 養 養 ⺌ 羊 羊 羊 美 美 養 養 養 養 養 養

億

음 おく

億万(おくまん) 억만　数億(すうおく) 수억

억 억

부수 : イ

彼(かれ)は億万長者(おくまんちょうじゃ)です。 그는 억만장자입니다.

丿 イ イ イ 伫 伫 伫 倍 倍 億 億 億 億 億

熱

더울 열

부수 : 灬

음 ねつ

音 ねつ

熱気(ねっき) 열기　熱心(ねっしん) 열심　熱湯(ねっとう) 열탕

加熱(かねつ) 가열　過熱(かねつ) 과열

訓 あつい

熱(あつ)い 뜨겁다

熱気が冷めました。 열기가 식었습니다.

水が熱くなりました。 물이 뜨거워졌습니다.

一 十 土 耂 耂 寺 幸 幸 刧 刧 刧 刧 熱 熱

標

표할 표

부수 : 木

音 ひょう

標識(ひょうしき) 표식　標本(ひょうほん) 표본

標準語(ひょうじゅんご) 표준어

目標(もくひょう) 목표

標準語を使ってください。 표준어를 사용해 주세요.

一 十 才 木 杠 栌 栖 栖 栖 標 標 標 標 標

16~20획

機 틀 기	録 기록할 록	積 쌓을 적	観 볼 관	類 무리 류
験 시험 험	鏡 거울 경	願 원할 원	競 다툴 경	議 의논할 의

機

틀 기
부수 : 木

음 き

機械(きかい) 기계　機会(きかい) 기회　好機(こうき) 호기

機関(きかん) 기관　動機(どうき) 동기

훈 はた

機(はた) 베틀　機織(はたお)り 베틀로 베를 짬, 또는 그 사람

いい機会(きかい)になりました。 좋은 기회가 되었습니다.

機(はた)を織(お)っています。 베틀을 짜고 있습니다.

一 十 才 才 札 杉 栉 栉 梢 梢 梢 機 機 機 機

録

음 ろく

記録(きろく) 기록　付録(ふろく) 부록　目録(もくろく) 목록

録音(ろくおん) 녹음　芳名録(ほうめいろく) 방명록

기록할 록

부수 : 金

정자 : 録

テープを録音しています。 テープを録音しています。

ろくおん

テープを録音しています。 테이프를 녹음하고 있습니다.

ノ ノ ト ト 全 金 金 金 釒 釤 鉅 鉦 鋒 録 録

積

음 せき

積雪量(せきせつりょう) 적설량　面積(めんせき) 면적

容積(ようせき) 용적

훈 つむ／つもる

積(つ)む 쌓다, 싣다　積(つ)もる 쌓이다

쌓을 적

부수 : 禾

めんせき　ひろ

面積が広いです。 면적이 넓습니다.

にもつ　つ

トラックに荷物を積んでいます。 트럭에 짐을 싣고 있습니다

ノ ニ 千 チ 禾 禾 秆 秆 秸 秸 積 積 積 積

Tip

★ 積(せき)는 '実績 (じっせき) 실적'에 쓰이는 績의 발음과 모양이 흡사하니 주의해서 연습하도록 합시다.

18획

観

음 かん

観光(かんこう) 관광　観察(かんさつ) 관찰　観測(かんそく) 관측

参観(さんかん) 참관

볼 관

부수 : 見

정자 : 觀

かんさつ

よく観察してください。 잘 관찰해 주세요.

ノ ヒ ヒ ヶ 午 午 年 年 產 產 隺 鄱 鄱 剘 觀 觀 観

類

음 るい

昆虫類(こんちゅうるい) 곤충류　種類(しゅるい) 종류

人類(じんるい) 인류　類型(るいけい) 유형

무리 류

부수 : 頁

정자 : 類

じんるい　はってん　むげん
人類の発展は無限です。 인류의 발전은 무한합니다.

類 類 類 半 半 米 半 半 类 类 類 類 類 類 類 類 類

験

음 けん／げん

経験(けいけん) 경험　試験(しけん) 시험　実験(じっけん) 실험

体験(たいけん) 체험　験(げん) 효험, 효과, 조짐, 징조

시험 험

부수 : 馬

정자 : 驗

かれ　けいけん　ゆた
彼は経験が豊かです。 그는 경험이 풍부합니다.
じっけん　けっか　はっぴょう
実験の結果を発表します。 실험의 결과를 발표하겠습니다.

験 験 験 験 験 馬 馬 馬 馬 馬 馬 馬 駅 験 験 験 験 験

19획

鏡

음 きょう

鏡台(きょうだい) 경대　拡大鏡(かくだいきょう) 확대경

反射鏡(はんしゃきょう) 반사경

훈 かがみ

鏡(かがみ) 거울

거울 경

부수 : 金

かくだいきょう　み
拡大鏡で見てください。 확대경으로 보세요.
かがみ　み
鏡を見ています。 거울을 보고 있습니다.

丿 ト ヒ 乍 午 牟 金 金 金 釒 釒 釒 鉾 鉾 鏡 鏡 鏡 鏡 鏡

願

음 がん

願書(がんしょ) 원서　祈願(きがん) 기원　念願(ねんがん) 염원

훈 ねがう

願(ねが)う 바라다, 원하다

원할 원

부수 : 頁

願書提出の締め切りです。원서제출 마감입니다.

よろしくお願いします。잘 부탁합니다.

丆 丆 厈 厈 厃 盾 盾 原 原 原 原 原 願 願 願 願 願 願

20획

競

음 きょう／けい

競走(きょうそう) 경주　競売(きょうばい) 경매　競馬(けいば) 경마

훈 きそう／せる

競(きそ)う 경쟁하다

다툴 경

부수 : 立

競馬が好きです。경마를 좋아합니다.

お互いに競っています。서로 경쟁하고 있습니다.

立 立 立 立 竞 竞 竞 声 竞 竞 竞 竞 竞 竞 競 競 競 競 競 競

議

음 ぎ

議員(ぎいん) 의원　議会(ぎかい) 의회　議論(ぎろん) 의론

協議(きょうぎ) 협의

의논할 의

부수 : 言

国会議員は国民の代表です。국회의원은 국민의 대표입니다.

言 言 言 言 言 言 言 訓 訓 詳 詳 詳 議 詳 詳 議 議 議

몇몇 한자에는 특정 단어에서만 사용되는 독특한 독음이 있습니다.
아래는 그 중 일부로, 이 중에는 자주 등장하는 단어들도 포함되어
있으므로 확실히 익혀 두세요.

天	てん / あめ
	天(あま)の川(がわ) 은하수

回	かい / まわる・まわす
	回向(えこう) 회향

街	がい / まち
	街道(かいどう) 가도

神	しん・じん / かみ
	神主(かんぬし) 신사의 신관
	神神(こうごう)しい 숭고하다, 거룩하고 성스럽다

酒	しゅ / さけ
	酒場(さかば) 술집

黄	こう / おうき
	黄金(こがね) 황금

期	き
	最期(さいご) 임종, 생의 최후

星	せい / ほし
	明星(みょうじょう) 명성, 금성

声	せい / こえ
	声色(こわいろ) 목소리, 음색
	入声(にっしょう) 입성

建	けん / たてる・たつ
	建立(こんりゅう) 건립

切	せつ / きる・きれる
	一切(いっさい) 일체, 모두, 전부

94

早	そう / はやい・はやまる・はやめる
	早速(さっそく) 곧, 즉시, 이내

昔	せき / むかし
	今昔(こんじゃく) 금석, 옛날과 지금

火	か / ひ
	火(ほ)かげ 불빛, 등불

静	せい / しずか・しず・しずまる・しずめる
	静脈(じょうみゃく) 정맥

説	せつ / とく
	遊説(ゆうぜい) 유세

弟	てい / おとうと
	兄弟(きょうだい) 형제
	弟子(でし) 제자, 문하생

頭	とうず / あたま・かしら
	音頭(おんど) 여러 사람이 노래에 맞춰 춤을 춤, 또는 그 곡

読	どく・とく / よむ
	読点(とうてん) 쉼표, 모점

雨	う / あめ
	雨戸(あまど) 덧문

遊	ゆう / あそぶ
	遊山(ゆさん) 구경 다님, 유람

둘째 마당

5학년이 배우는 한자

185자

13과

3~5획

久 오랠 구	仏 부처 불	比 견줄 비	支 지탱할 지	可 옳을 가
刊 새길 간	句 글귀 구	旧 예 구	犯 범할 범	弁 고깔 변
示 보일 시	圧 누를 압	永 길 영	布 베/펼 포	

久

오랠 구

부수 : ノ

음 きゅう／く

永久(えいきゅう) 영구　恒久(こうきゅう) 항구

耐久(たいきゅう) 내구　久遠(くおん) 구원

훈 ひさしい

久(ひさ)しい 오래다, 오랜만이다

えいきゅう つか もの
永久に使える物です。 영구히 사용할 수 있는 물건입니다.
ひさ しごと やす
久しぶりに仕事を休みました。 오랜만에 일을 쉬었습니다.

ノ ク 久

仏

부처 불

부수 : 亻
정자 : 佛

음 ぶつ

神仏(しんぶつ) 신불　仏教(ぶっきょう) 불교

훈 ほとけ

仏(ほとけ) 부처

宗教は仏教です。 종교는 불교입니다.
知らぬが仏。 모르는 게 약.

ノ　イ　仏　仏

比

견줄 비

부수 : 比

음 ひ

対比(たいひ) 대비　比率(ひりつ) 비율　比例(ひれい) 비례

훈 くらべる

比(くら)べる 견주다, 비교하다

比率が高くなりました。 비율이 높아졌습니다.
比べてください。 비교해 주세요.

一　ヒ　ト　比

支

지탱할 지

부수 : 支

음 し

支援(しえん) 지원　支持(しじ) 지지　支障(ししょう) 지장
支店(してん) 지점　収支(しゅうし) 수지

훈 ささえる

支(ささ)える 버티다, 지탱하다

国民党を支持しています。 국민당을 지지하고 있습니다.
二つの柱が家を支えています。 두 개의 기둥이 집을 지탱하고 있습니다.

一　十　支　支

可

음 か

可決(かけつ) 가결　可能(かのう) 가능　可憐(かれん) 가련
認可(にんか) 인가

옳을 가
부수 : 口

新しい法案が可決されました。 새로운 법안이 가결되었습니다.

一　丁　丌　可　可

刊

음 かん

刊行物(かんこうぶつ) 간행물　週刊(しゅうかん) 주간
創刊(そうかん) 창간　日刊(にっかん) 일간

새길 간
부수 : 刂

週刊誌に載りました。 주간지에 실렸습니다.

一　二　千　刊　刊

98

句

음 く

句読点(くとうてん) 구두점　語句(ごく) 어구　文句(もんく) 불평, 문구

글귀 구
부수 : 口

文句を言わないでください。 불평을 말하지 마세요.

丿　勹　勹　句　句

旧

예 구
부수 : 日
정자 : 舊

음 きゅう

旧来(きゅうらい) 구래, 종래　新旧(しんきゅう) 신구

──────────────────────

新旧の世代が交替しました。　신구 세대가 교체되었습니다.
しんきゅう　せ だい　こうたい

｜　｜｜　｜П　旧　旧

犯

범할 범
부수 : 犬

음 はん

犯行(はんこう) 범행　犯罪(はんざい) 범죄　犯人(はんにん) 범인

侵犯(しんぱん) 침범

훈 おかす

犯(おか)す 범하다

──────────────────────

犯行を認めました。　범행을 인정했습니다.
はんこう　みと

罪を犯してはいけません。　죄를 범해서는 안 됩니다.
つみ　おか

ノ　丿　丬　狇　犯

弁

고깔 변
부수 : 廾
정자 : 辯

음 べん

代弁(だいべん) 대변　弁護士(べんごし) 변호사

弁償(べんしょう) 변상　弁当(べんとう) 도시락　弁論(べんろん) 변론

──────────────────────

弁護士として代弁します。　변호사로서 대변하겠습니다.
べん ご し　だいべん

ノ　ム　ニ　午　弁

示

보일 시
부수 : 示

음 じ／し

掲示(けいじ) 게시　指示(しじ) 지시　提示(ていじ) 제시

表示(ひょうじ) 표시　明示(めいじ) 명시

図示(ずし) 도시(표나 그림 으로 그려 보임)

훈 しめ**す**

示(しめ)す 보이다, 나타내다

けい じ ばん し
掲示板に知らせました。 게시판에 알렸습니다.
かんしん しめ
関心を示しています。 관심을 나타내고 있습니다.

示 示 示 示 示

圧

누를 압
부수 : 土
정자 : 壓

음 あつ

圧力(あつりょく) 압력　気圧(きあつ) 기압　抑圧(よくあつ) 억압

圧迫(あっぱく) 압박

あつりょく
圧力をかけないでください。

압력을 넣지 마세요.

圧 圧 圧 圧 圧

永

길 영
부수 : 水

음 えい

永遠(えいえん) 영원　永久(えいきゅう) 영구　永続(えいぞく) 영속

훈 ながい

永(なが)い 영원하다

えいえん へいわ ねが
永遠の平和を願います。 영원한 평화를 원합니다.
なが わか ま
永い別れが待っていました。 영원한 이별이 기다리고 있었습니다.

永 永 永 永 永

布

베 / 펼 포

부수 : 巾

음 ふ

配布(はいふ) 배포　布告(ふこく) 포고　布陣(ふじん) 포진

分布(ぶんぷ) 분포

훈 きれ／ぬの

布(きれ／ぬの) 헝겊 또는 직물, 직물의 총칭

がっこう　まえ　　　　　　　　　　　　　　はいふ
学校の前でパンフレットを配付しています。

학교 앞에서 팜플렛을 배포하고 있습니다.

ぬの じ　　つく
布地で作りました。 천으로 만들었습니다.

ノ ナ ナ 右 布

5학년 3~5획

14<small>과</small>

6~7<small>획</small>

仮 거짓 가	件 물건 건	団 둥글 단	舌 혀 설	因 인할 인
任 맡길 임	再 두 재	在 있을 재	均 고를 균	技 재주 기
防 막을 방	応 응할 응	似 닮을 사	状 모양 상	序 차례 서
余 남을 여	災 재앙 재	条 가지 조	志 뜻 지	快 쾌할 쾌
判 판단할 판				

仮

거짓 가

부수 : 人
정자 : 假

음 か／け

仮面(かめん) 가면　仮説(かせつ) 가설　仮装(かそう) 가장

仮病(けびょう) 꾀병

훈 かり

仮住(かりず)まい 임시 주거

かめん かぶ おど
仮面を被って踊りました。 가면을 쓰고 춤추었습니다.
いま す いえ かりず
今、住んでいる家は仮住まいです。 지금 살고 있는 집은 임시주거입니다.

ノ イ 仁 仮 仮 仮

件

음 けん

案件(あんけん) 안건　事件(じけん) 사건　条件(じょうけん) 조건

物件(ぶっけん) 물건　用件(ようけん) 용건

물건 건
부수 : 人

悪い条件を受け入れました。 나쁜 조건을 받아들였습니다.

ノ イ 亻 仁 件 件

団

음 だん／とん

団結(だんけつ) 단결　団子(だんご) 경단　団体(だんたい) 단체

団地(だんち) 단지　布団(ふとん) 이불, 이부자리

둥글 단
부수 : 口
정자 : 團

韓国人は団結力が強いです。 한국인은 단결력이 강합니다.

丨 冂 冂 冂 団 団

舌

음 ぜつ

口舌(こうぜつ) 구설　毒舌(どくぜつ) 독설

훈 した

舌打(したう)ち 혀를 참　猫舌(ねこじた) 뜨거운 것을 못 먹음

혀 설
부수 : 舌

お互いに毒舌をふるいました。 서로 독설을 퍼부었습니다.

舌を出してください。 혀를 내세요.

一 二 千 千 舌 舌

因

음 いん

因果(いんが) 인과　因縁(いんねん) 인연　原因(げんいん) 원인

훈 よる

因(よ)る 기인하다

인할 인

부수 : 口

Tip
★ ~による(~로 인하다, ~에 따르다)로 쓸 경우는 한자로 표기하지 않는 것이 관례입니다.

げんいん わ じけん
原因が分からない事件です。 원인을 알 수 없는 사건입니다.

ふちゅうい かじ はっせい
不注意によって火事が発生しました。 부주의로 인해서 화재가 발생했습니다.

｜ 冂 冂 冈 因 因

任

음 にん

委任(いにん) 위임　信任(しんにん) 신임(믿는 것)

新任(しんにん) 신임(새로 임명)　責任(せきにん) 책임

任務(にんむ) 임무　任命(にんめい) 임명

훈 まかせる／まかす

任(まか)せる 맡기다, 위임하다　任(まか)す 맡기다

맡길 임

부수 : 亻

104

じゅうよう にんむ あた
重要な任務を与えました。 중요한 임무를 부여했습니다.

ゆしゅつ ぎょうむ まか
輸出の業務を任せます。 수출업무를 맡기겠습니다.

亻 仁 仁 仟 任 任

再

음 さい／さ

再考(さいこう) 재고　再度(さいど) 재차　再来週(さらいしゅう) 다다음주

훈 ふたたび

再(ふたた)び 재차, 다시

두 재

부수 : 冂

さいこう
再考してください。 재고해 주세요.

ふたた ため
再び試してください。 재차 시험해 주세요.

一 一 冂 冂 再 再

在

있을 재

부수 : 土

음 ざい

健在(けんざい) 건재　現在(げんざい) 현재　在位(ざいい) 재위

在野(ざいや) 재야　存在(そんざい) 존재

훈 ある

在(あ)る 있다

お父さんはご健在ですか。 아버지는 잘 계십니까?

昔、ここに村が在りました。 옛날, 여기에 마을이 있었습니다.

一 ナ オ ナ 在 在

7획

105

均

고를 균

부수 : 土

음 きん

均衡(きんこう) 균형　均等(きんとう) 균등　平均(へいきん) 평균

均等に分けてください。 균등하게 나누어 주세요.

一 十 土 ギ 圴 均 均

技

재주 기

부수 : 手

음 ぎ

技巧(ぎこう) 기교　技術(ぎじゅつ) 기술　妙技(みょうぎ) 묘기

競技(きょうぎ) 경기

훈 わざ

技(わざ) 기술　必殺技(ひっさつわざ) 필살기

新しい技術を開発しました。 새로운 기술을 개발했습니다.

力より技で勝ちました。 힘보다 기술로 이겼습니다.

一 十 才 扌 技 技 技

防

막을 방

부수 : 阝

음 ぼう

国防(こくぼう) 국방　防衛(ぼうえい) 방위　予防(よぼう) 예방

훈 ふせぐ

防(ふせ)ぐ 방지하다, 막다

よ ぼうちゅうしゃ う
予防注射を打ってください。 예방주사를 놓아 주세요.

ひ がい　ふせ　たいさく　 ひつよう
被害を防ぐ対策が必要です。 피해를 방지할 대책이 필요합니다.

防 阝 阝 阝 阞 防 防

応

응할 응

부수 : 心
정자 : 應

음 おう

応援(おうえん) 응원　応急(おうきゅう) 응급　応用(おうよう) 응용

呼応(こおう) 호응　適応(てきおう) 적응

훈 おうじる／おうずる

応(おう)ずる 응하다

おうえんだん　いきお　 か
応援団の勢いで勝ちました。 응원단의 힘으로 이겼습니다.

と　 あ　　　おう
問い合わせに応じてください。 문의에 응해주세요.

亠 亠 广 広 応 応 応

似

닮을 사

부수 : 亻

음 じ

類似(るいじ) 유사

훈 にる

似(に)る 닮다　似顔(にがお) 초상화

るい じ たん ご　 しら
類似単語を調べてください。 유사단어를 조사해 주세요.

かれ　はは　に
彼は母に似ています。 그는 어머니를 닮았습니다.

丿 亻 亻 似 似 似 似

状

음 じょう

症状(しょうじょう) 증상　賞状(しょうじょう) 상장

状態(じょうたい) 상태

형상 상/
문서 장

부수 : 犬

정자 : 狀

しょうじょう　あっか
症状が悪化しました。 증상이 악화되었습니다.

丶 丶 丬 丬 状 状 状

序

음 じょ

順序(じゅんじょ) 순서　序列(じょれつ) 서열　序論(じょろん) 서론

차례 서

부수 : 广

じゅんじょ　まも
順序を守ってください。 순서를 지켜 주세요.

丶 广 广 庁 庁 序 序

余

음 よ

余分(よぶん) 여분　余裕(よゆう) 여유

훈 あまる／あます

余(あま)る 남다　余(あま)す 남기다

남을 여

부수 : 人

정자 : 餘

いそが　　よゆう
忙しくて余裕がありません。 바빠서 여유가 없습니다.
あま　　　　　　す
余ったものは捨てないでください。 남은 것은 버리지 마세요.

丿 丷 亼 亼 今 余 余

災

재앙 재

부수：火

[음] さい

火災(かさい) 화재　災害(さいがい) 재해　災難(さいなん) 재난

人災(じんさい) 인재　天災(てんさい) 천재　防災(ぼうさい) 방재

[훈] わざわい

災(わざわ)い 재앙

ぼうさい　　　　　　　かんび
防災システムを完備しました。 방재 시스템을 완비했습니다.
くち　わざわ　　もと
口は災いの元。 입은 재앙의 근원.(일본속담)

丶 丷 巛 巛 巛 災 災

条

가지 조

부수：木

정자：條

[음] じょう

条件(じょうけん) 조건　条項(じょうこう) 조항

条約(じょうやく) 조약

にゅうしゃ　じょうけん　きび
入社の条件が厳しいです。 입사조건이 엄격합니다.

丿 夕 夂 冬 条 条 条

志

뜻 지

부수：心

[음] し

意志(いし) 의지　志願(しがん) 지원　志望(しぼう) 지망

[훈] こころざす／こころざし

志(こころざ)す 뜻을 두다
志(こころざ)し 뜻, 마음, 후의

ゆうめい　だいがく　　しぼう
有名な大学を志望しました。 유명한 대학을 지망했습니다.
しょうせつか　　こころざ
小説家を志しています。 소설가에 뜻을 두고 있습니다.

一 十 士 志 志 志 志

108

快

쾌할 쾌

부수 : ↑

음 かい

快速(かいそく) 쾌속　爽快(そうかい) 상쾌　痛快(つうかい) 통쾌

明快(めいかい) 명쾌

훈 こころよい

快(こころよ)い 기분이 좋다, 유쾌하다

痛快(つうかい)な気持(きも)ちでした。 통쾌한 기분입니다.

快(こころよ)く引(ひ)き受(う)けました。 기분좋게 받아 들였습니다.

怏 快 忄 忄 怏 快 快

判

판단할 판

부수 : 刂

정자 : 判

음 はん／ばん

判決(はんけつ) 판결　判定(はんてい) 판정　判断(はんだん) 판단

判例(はんれい) 판례　批判(ひはん) 비판　裁判(さいばん) 재판

훈 わかる

判(わか)る 판명되다

判断(はんだん)がつきません。 판단이 서지 않습니다.

逃(に)げ出(だ)した犯人(はんにん)の真相(しんそう)が判(わか)りました。 도망친 범인의 진상이 판명되었습니다.

判 判 丷 丷 半 半 判

Tip

★ 참고로, 判(わか)る 라고 써서 '판단하다'라는 의미의 동사로도 씁니다.

15과

8획

価 값 가	**居** 살 거	**券** 문서 권	**武** 호반 무	**肥** 살찔 비
非 아닐 비	**舎** 집 사	**性** 성품 성	**述** 펼 술	**承** 이을 승
易 바꿀 역/쉬울 이	**往** 갈 왕	**制** 절제할 제	**枝** 가지 지	**妻** 아내 처
招 부를 초	**版** 판목 판	**河** 물 하	**効** 효험/본받을 효	

価

값 가

부수 : 亻
정자 : 價

음 か

価格(かかく) 가격　価値(かち) 가치　定価(ていか) 정가
物価(ぶっか) 물가

훈 あたい

価(あたい) 값, 가격

物価(ぶっか)が高(たか)くて生活(せいかつ)が苦(くる)しいです。 물가가 비싸서 생활이 어렵습니다.

亻 仁 仁 佂 佂 価 価 価

居

살 거

부수 : 尸

음 きょ

居住(きょじゅう) 거주　同居(どうきょ) 동거　別居(べっきょ) 별거

훈 いる

居(い)る 있다

友達と同居しています。　친구와 동거하고 있습니다.

部屋に居る人は母です。　방에 있는 사람은 어머니입니다.

フ ヲ 尸 尸 尸 尸 居 居 居

券

문서 권

부수 : 刀

음 けん

債券(さいけん) 채권　証券(しょうけん) 증권

入場券(にゅうじょうけん) 입장권　旅券(りょけん) 여권

入場券を買ってください。　입장권을 사세요.

丶 ソ 二 半 米 矢 券 券

Tip

★ 券(けん)과 拳(けん)은 동음이의어로 후자는 '拳(こぶし) 주먹', '拳法(けんぽう) 권법'에 쓰입니다. 부수의 차이에 주의하세요. 이외에 '책'을 뜻하는 한자 巻(かん)도 모양이 비슷하므로 구분해서 익혀 두세요.

武

호반 무

부수 : 止

음 ぶ／む

武器(ぶき) 무기　武装(ぶそう) 무장　武力(ぶりょく) 무력

武者(むしゃ) 무사

武力を使って解決しました。

무력을 써서 해결했습니다.

丶 一 二 テ 弐 武 武 武

肥

살찔 비
부수 : 月

음 ひ

肥大(ひだい) 비대　肥満(ひまん) 비만　肥料(ひりょう) 비료

훈 こえ／こえる／こやす／こやし

肥(こえ) 거름, 비료　肥(こ)える 살이 찌다, 비옥해지다
肥(こ)やす (땅을) 걸우다, 살찌우다　肥(こ)やし 거름, 비료

子供の肥満が増えています。 어린이 비만이 늘고 있습니다.
土地が肥えています。 땅이 비옥해졌습니다.

丨 刀 月 月 𦙶 𦙶 𦙶 肥

非

아닐 비
부수 : 非

음 ひ

非公開(ひこうかい) 비공개　非常口(ひじょうぐち) 비상구
非難(ひなん) 비난　非凡(ひぼん) 비범

非公開の会談が行われました。
비공개 회의가 진행되었습니다.

丿 ナ ヺ ヺ 非 非 非 非

舍

집 사
부수 : 舌

음 しゃ

官舎(かんしゃ) 관사(관리가 살도록 지은 집)
校舎(こうしゃ) 교사(학교 건물)　寄宿舎(きしゅくしゃ) 기숙사

官舎のアパートに引っ越しました。 관사 아파트로 이사했습니다.

丿 人 亽 亽 全 舍 舍 舍

性

성품 성

부수 : 忄

음 せい／しょう

性格(せいかく) 성격　性質(せいしつ) 성질　性別(せいべつ) 성별

理性(りせい) 이성　相性(あいしょう) 상성　根性(こんじょう) 근성

せいべつ　と　　さいよう
性別を問わず採用します。　성별을 불문하고 채용합니다.

丶 丶 忄 忄 忙 忙 性 性

Tip
★ 性(せい)와 姓(せい)의 한자는 동음이의어로 모양이 비슷하여 혼동하기 쉽습니다. 전자는 '남녀의 성별'을 말할 때 사용되고 후자는 '이름 성씨'를 말할 때 쓰이는 한자입니다.

述

펼 술

부수 : 辶

정자 : 述

음 じゅつ

叙述(じょじゅつ) 서술　陳述(ちんじゅつ) 진술

論述(ろんじゅつ) 논술

훈 のべる

述(の)べる 말하다

つぎ　もんだい　よ　　じゆう　じょじゅつ
次の問題を読み、自由に叙述しなさい。　다음 문제를 읽고 자유롭게 서술하시오.

いけん　の
あなたの意見を述べてください。　당신의 의견을 말해 주세요.

一 十 才 才 ホ ホ 述 述

承

이을 승

부수 : 手

음 しょう

承諾(しょうだく) 승낙　承知(しょうち) 알아 들음

承認(しょうにん) 승인

훈 うけたまわる

承(うけたまわ)る 받다, 듣다

しょうち
承知しました。　잘 알았습니다.

でんごん　うけたまわ
ご伝言を承ります。　전언을 듣겠습니다.

了 了 了 了 手 承 承 承

Tip
★ 承(うけたまわ)る는 聞(き)く, 受(う)ける의 겸양어로 쓰이는 동사입니다.

易

음 えき／い

交易(こうえき) 교역　貿易(ぼうえき) 무역　容易(よう い) 용이

훈 やさしい

易(やさ)しい 쉽다

바꿀 역 /
쉬울 이

부수 : 日

ぼうえきがいしゃ　つと
貿易会社に勤めています。 무역회사에 근무하고 있습니다.

しけんもんだい　やさ　だ
試験問題を易しく出してください。 시험문제를 쉽게 내 주세요.

丶 冂 日 日 戸 号 易 易

往

음 おう

往来(おうらい) 왕래　往年(おうねん) 왕년　往診(おうしん) 왕진

往復(おうふく) 왕복　来往(らいおう) 내왕

갈 왕

부수 : 彳

おうふく　に じ かん
往復で２時間かかります。

왕복으로 2시간 걸립니다.

丿 ク 彳 彳 疒 行 行 往 往

114

Tip

★ 往(おう)와 '住所
(じゅうしょ) 주소'에
서의 住(じゅう)는 동
음이의어는 아니지만
모양이 비슷한 한자이
므로 주의하세요.

制

음 せい

制限(せいげん) 제한　制定(せいてい) 제정　制度(せいど) 제도

制約(せいやく) 제약

절제할 제

부수 : 刂

ねんれいせいげん
年齢制限はありません。 연령제한은 없습니다.

丿 一 二 午 垰 告 制 制

枝

가지 지

부수 : 木

음 し

枝葉(しょう) 지엽, 가지와 잎

훈 えだ

枝道(えだみち) 샛길

枝を折りました。 가지를 꺾었습니다.

枝道に入った話です。 본론을 벗어난 이야기입니다.

一 十 才 木 村 枝 枝

★ 枝(し)와 技(き)는 모양이 비슷하므로 부수를 잘 구분하여 혼동하지 않도록 익혀 두세요.

妻

아내 처

부수 : 女

음 さい

妻子(さいし) 처자(=つまこ)   夫妻(ふさい) 부처, 부부

훈 つま

妻(つま) 처   人妻(ひとづま) 남의 아내, 유부녀

妻子を養っています。 처자를 부양하고 있습니다.

妻は仕事をしています。 아내는 일을 하고 있습니다.

一 ラ ラ ヨ 事 妻 妻 妻

招

부를 초

부수 : 手

음 しょう

招請(しょうせい) 초청   招待(しょうたい) 초대

훈 まねく

招(まね)く 부르다, 초대하다, 초래하다

招待状を送ってください。 초대장을 보내 주세요.

悪い結果を招きました。 나쁜 결과를 초래했습니다.

一 十 才 扣 扣 招 招

版

음 はん／ぱん

版画(はんが) 판화　出版(しゅっぱん) 출판　絶版(ぜっぱん) 절판

판목 판

부수: 片

_{しゅっぱんしゃ} _{へんしゅう} _{し ごと}
出版社で編集の仕事をしています。 출판사에서 편집 일을 하고 있습니다.

丿 丿 丿 片 片 版 版 版

河

음 か

河川(かせん) 하천　運河(うんが) 운하

훈 かわ

河(かわ) 강, 하천

물 하

부수: 氵

_{おおあめ} _{か せん} _{はんらん}
大雨で河川が氾濫しました。 큰비로 하천이 범람했습니다.

_{かわ} _{わた}
ボートで河を渡りました。 보트로 강을 건넜습니다.

氵 氵 氵 汀 汀 沪 河 河

効

음 こう

効果(こうか) 효과　効能(こうのう) 효능　効力(こうりょく) 효력

훈 きく

効(き)く 효과가 있다

효험 /

본받을 효

부수: 力

정자: 效

_{こう か てき} _{つか}
効果的に使ってください。 효과적으로 써 주세요.

_{かんぽうやく} _き
漢方薬はよく効きます。 한방약은 잘 듣습니다.

丶 亠 六 六 方 交 効 効

9획

故 연고 고	独 홀로 독	迷 미혹할 미	保 지킬 보	逆 거스를 역
政 정사 정	祖 할아비 조	則 법칙 칙	退 물러날 퇴	限 한할 한
厚 두터울 후	査 조사할 사			

故

음 こ

故意(こい) 고의　故障(こしょう) 고장　事故(じこ) 사고

훈 ゆえ

故(ゆえ) 까닭

연고 고

부수 : 攵

ラジオが故障しました。 라디오가 고장 났습니다.
こしょう

故あって付き合っていた彼女と別れました。
ゆえ　　つ あ　　　　　かのじょ わか

사정이 있어서 사귀던 그녀와 헤어졌습니다.

一 十 古 古 古 甚 甚 故 故

Tip

★ 独(どく)의 한자로 독일을 쓰면 独逸(どいつ)가 됩니다. 그러나 이런 식으로 표기하는 경우는 거의 없고 대부분 가타카나로 ドイツ라고 표기합니다.

独

홀로 독

부수 : 犭
정자 : 獨

음 どく

孤独(こどく) 고독　単独(たんどく) 단독　独身(どくしん) 독신

独断(どくだん) 독단

훈 ひとり

独(ひと)り 혼자

まだ独身(どくしん)です。 아직 독신입니다.

独(ひと)りで山登(やまのぼ)りをしました。 홀로 등산을 했습니다.

ノ　イ　犭　犭　犷　犯　独　独　独

迷

미혹할 미

부수 : 辶
정자 : 迷

음 めい

混迷(こんめい) 혼미　迷信(めいしん) 미신　迷路(めいろ) 미로

훈 まよう

迷(まよ)う 헤매다

迷信(めいしん)は信(しん)じていません。 미신은 믿지 않습니다.

方向(ほうこう)を迷(まよ)っています。 방향을 헤매고 있습니다.

丶　丷　屶　二　半　米　米　米　迷　迷

保

지킬 보

부수 : 亻

음 ほ

保安(ほあん) 보안　保育(ほいく) 보육　保険(ほけん) 보험

保有(ほゆう) 보유　保証(ほしょう) 보증

훈 たもつ

保(たも)つ 지키다, 유지하다

보증종...

資料(しりょう)を確保(かくほ)しています。 자료를 확보하고 있습니다.

温度(おんど)を２５度(にじゅうごど)に保(たも)ってください。 온도를 25도로 유지해 주세요.

ノ　イ　イ　仃　仔　仔　保　保　保

逆

음 ぎゃく

逆転(ぎゃくてん) 역전　逆行(ぎゃっこう) 역행

훈 さか／さからう

逆(さか) 역(거꾸로)　逆(さか)らう 반항하다, 거역하다

거스를 역

부수 : 辶
정자 : 逆

最後(さいご)に逆転(ぎゃくてん)しました。 마지막에 역전했습니다.

親(おや)の話(はなし)に逆(さか)らっています。 부모 말을 거역하고 있습니다.

丶 ソ ツ ヰ 屰 弟 弟 逆 逆

政

음 せい／しょう

国政(こくせい) 국정　政権(せいけん) 정권　政治(せいじ) 정치

財政(ざいせい) 재정　摂政(せっしょう) 섭정

훈 まつりごと

政(まつりごと) 정사, 영토와 국민을 다스림

정사 정

부수 : 攵

政治(せいじ)と経済(けいざい)は不可分(ふかぶん)の関係(かんけい)です。 정치와 경제는 불가분의 관계입니다.

政(まつりごと)を執(と)り行(おこな)っています。 정치를 행하고 있습니다.

一 丅 下 正 正 政 政 政

祖

음 そ

祖国(そこく) 조국　祖先(そせん) 조상　祖父(そふ) 조부, 할아버지

할아비 조

부수 : ネ
정자 : 祖

祖父(そふ)は亡(な)くなりました。 할아버지는 돌아가셨습니다.

丶 ラ ネ ネ 刋 初 袒 袒 祖

則

음 そく

規則(きそく) 규칙　原則(げんそく) 원칙　校則(こうそく) 교칙

犯則金(はんそくきん) 범칙금

법칙 칙

부수:刂

<u>き そくてき　せいかつ　けんこう　まも</u>
規則的な生活は健康を守ります。 규칙적인 생활은 건강을 지킵니다.

｜ 冂 冂 日 目 貝 貝 貝 則 則

退

음 たい

辞退(じたい) 사퇴　退却(たいきゃく) 퇴각　退学(たいがく) 퇴학

退社(たいしゃ) 퇴사

훈 しりぞく／しりぞける

退(しりぞ)く 물러나다, 후퇴하다
退(しりぞ)ける 물리치다, 격퇴하다

물러날 퇴

부수:辶
정자:退

<u>こうそく　い はん　たいがく</u>
校則違反で退学になりました。 교칙 위반으로 퇴학되었습니다.
<u>ぎょうかい　　　しりぞ</u>
業界から退きました。 업계에서 물러났습니다.

フ ヲ ヨ 艮 艮 艮 艮 退 退

限

음 げん

限界(げんかい) 한계　限度(げんど) 한도　限定(げんてい) 한정

制限(せいげん) 제한

훈 かぎる

限(かぎ)る 한정하다

한할 한

부수:阝

<u>げんていはんばい</u>
限定販売をしています。 한정판매를 하고 있습니다.
<u>こんかい　かぎ　　ゆる</u>
今回に限って許します。 이번에 한해서 허락합니다.

フ ﾌ 阝 阝 阝 阝 阝 阴 限

厚

두터울 후

부수 : 厂

음 こう

厚生(こうせい) 후생　濃厚(のうこう) 농후

훈 あつい

厚(あつ)い 두껍다

あまりにも濃厚(のうこう)な話(はなし)です。 너무나도 농후한 이야기입니다.

厚(あつ)い信頼関係(しんらいかんけい)です。 두터운 신뢰관계입니다.

一 厂 厇 厈 戽 戽 戽 厚 厚 厚

査

조사할 사

부수 : 木

음 さ

検査(けんさ) 검사　査察(ささつ) 사찰　審査(しんさ) 심사

調査(ちょうさ) 조사

北朝鮮(きたちょうせん)が核査察(かくささつ)を受(う)け入(い)れました。 북조선이 핵사찰을 받아들였습니다.

一 十 オ 木 术 杏 杏 查 查

5학년 9회

121

17_과

10_획

個 낱 개	**格** 격식 격	**耕** 밭갈 경	**能** 능할 능	**留** 머무를 류
師 스승 사	**修** 닦을 수	**素** 본디/흴 소	**桜** 앵두 앵	**容** 얼굴 용
恩 은혜 은	**益** 더할 익	**財** 재물 재	**造** 지을 조	**破** 깨트릴 파
俵 나누어줄 표				

個

음 こ

個人(こじん) 개인　別個(べっこ) 별개

낱 개

부수 : イ

個人的に付き合っています。 개인적으로 사귀고 있습니다.

／ イ 们 们 们 個 個 個 個 個

格

音 かく／こう

合格(ごうかく) 합격　資格(しかく) 자격　品格(ひんかく) 품격

格子(こうし) 격자

격식 격

부수 : 木

きぼう　だいがく　ごうかく
希望の大学に合格しました。　희망하는 대학에 합격했습니다.

一 十 才 木 杓 格 格 格 格

耕

音 こう

耕作(こうさく) 경작　耕地(こうち) 경지　耕土(こうど) 경토

農耕(のうこう) 농경

訓 たがやす

耕(たがや)す (논밭을) 갈다

밭갈 경

부수 : 耒
정자 : 耕

こうち　ひとり　こうさく
せまい耕地を一人で耕作します。　좁은 경지를 혼자서 경작합니다.
うし　はたけ　たがや
牛が畑を耕しています。　소가 밭을 갈고 있습니다.

一 二 三 丰 丰 耒 耒 耒 耕 耕

能

音 のう

万能(ばんのう) 만능　本能(ほんのう) 본능　能力(のうりょく) 능력

無能(むのう) 무능

능할 능

부수 : 月

のうりょく　ひと　みと
能力のある人は認められます。

능력 있는 사람은 인정받습니다.

´ �ﾑ ٵ 自 自 自 自 能 能 能

留

머무를 류

부수 : 田

Tip

★ '집을 비움, 부재중'을 일본에서는 留守(るす)라고 합니다. 독특하면서도 매우 빈도수가 높은 단어이므로 반드시 익혀 두세요. 부재중이란 단어의 한자를 그대로 써서 不在中(ふざいちゅう)이라고도 합니다.

음 りゅう／る

留学(りゅうがく) 유학　留守(るす) 부재중

훈 とめる／とまる

留(と)める 멈추다, 머무르다　留(と)まる 멈추다, 고정되다

日本(にほん)に留学中(りゅうがくちゅう)です。 일본에서 유학중입니다.

彼(かれ)の辞職(じしょく)を留(と)めてください。 그의 사직을 말려 주세요.

留 留 留 留 留 留 留 留 留 留

師

스승 사

부수 : 巾

음 し

恩師(おんし) 은사　師弟(してい) 사제　師範(しはん) 사범

中学校(ちゅうがっこう)の時(とき)の恩師(おんし)に会(あ)いました。

중학교 때의 은사를 만났습니다.

師 師 師 師 師 師 師 師 師 師

124

修

닦을 수

부수 : 亻

음 しゅう／しゅ

修理(しゅうり) 수리　修練(しゅうれん) 수련　必修(ひっしゅう) 필수

修羅(しゅら) 수라

훈 おさめる／おさまる

修(おさ)める 수양하다　修(おさ)まる 수양되다

日本語(にほんご)は必修科目(ひっしゅうかもく)です。 일본어는 필수과목입니다.

学問(がくもん)を修(おさ)めてください。 학문을 닦으세요.

修 修 修 修 修 修 修 修 修 修

素

음 そ／す

元素(げんそ) 원소　酸素(さんそ) 산소　質素(しっそ) 질소

素質(そしつ) 소질　平素(へいそ) 평소　素顔(すがお) 맨 얼굴

본디 / 흴 소

부수 : 糸

酸素不足で息が詰まります。

산소부족으로 숨이 막힙니다.

一 十 ‡ 主 ‡ 麦 麦 麦 素 素

桜

음 おう

桜花(おうか) 앵화(벚꽃)

훈 さくら

桜(さくら) 벚꽃

앵두 앵

부수 : 木

정자 : 櫻

桜花が満開を迎えました。　벚꽃이 만개를 맞이했습니다.

桜の花は3月に咲きます。　벚꽃은 3월에 핍니다.

一 十 才 木 杉 ゼ 栌 桜 桜 桜

容

음 よう

容易(ようい) 용이　形容(けいよう) 형용　内容(ないよう) 내용

얼굴 용

부수 : 宀

その問題は容易ではありません。

그 문제는 용이하지 않습니다.

丶 ㇒ 宀 宀 灾 灾 容 容 容

恩

은혜 은
부수 : 心

음 おん

恩師(おんし) 은사　恩人(おんじん) 은인　恩恵(おんけい) 은혜
謝恩会(しゃおんかい) 사은회

<ruby>卒業式<rt>そつぎょうしき</rt></ruby>の<ruby>後<rt>あと</rt></ruby>に<ruby>謝恩会<rt>しゃおんかい</rt></ruby>がありました。 졸업식 후에 사은회가 있었습니다.

｜ 冂 冂 冈 冈 因 因 因 恩 恩 恩

益

더할 익
부수 : 皿
정자 : 益

음 えき／やく

公益(こうえき) 공익　増益(ぞうえき) 증익　損益(そんえき) 손익
利益(りえき) 이익　ご利益(りやく) 부처 등이 인간에게 주는 은혜

<ruby>投資<rt>とうし</rt></ruby>をして<ruby>利益<rt>りえき</rt></ruby>を<ruby>出<rt>だ</rt></ruby>しました。
투자를 해서 이익을 냈습니다.

丶 丷 丷 产 产 苎 益 益 益 益

126

財

재물 재
부수 : 貝

음 ざい／さい

財産(ざいさん) 재산　財団(ざいだん) 재단　財布(さいふ) 지갑

<ruby>財産<rt>ざいさん</rt></ruby>を<ruby>集<rt>あつ</rt></ruby>めています。 재산을 모으고 있습니다.

｜ 冂 冂 月 目 目 貝 貝 貝 財 財

造

지을 조

부수 : 辶

음 ぞう

改造(かいぞう) 개조　偽造(ぎぞう) 위조　造花(ぞうか) 조화

創造(そうぞう) 창조　造船(ぞうせん) 조선

훈 つくる

造(つく)る 만들다

偽造貨幣が出回っています。 위조화폐가 나돌고 있습니다.

梅で酒を造りました。 매실로 술을 만들었습니다.

丶　亠　屮　生　牛　告　告　告　浩　造

破

깨뜨릴 파

부수 : 石

음 は

撃破(げきは) 격파　破棄(はき) 파기　破損(はそん) 파손

破綻(はたん) 파탄　破門(はもん) 파문　突破(とっぱ) 돌파

훈 やぶる／やぶれる

破(やぶ)る 깨다, 부수다　破(やぶ)れる 깨지다, 부서지다, 지다

破損した部分を直しています。 파손된 부분을 고치고 있습니다.

世界記録を破りました。 세계기록을 깼습니다.

一　ノ　オ　石　石　矵　矿　矿　破　破

127

俵

나누어줄 표

부수 : 亻

음 ひょう

土俵(どひょう) 씨름판(일본식)

훈 たわら

俵(たわら) (쌀・숯 등을 담는) 섬　米俵(こめだわら) 쌀가마니

土俵の上に上がりました。 씨름판에 올라갔습니다.

米俵に米を詰めています。 쌀가마니에 쌀을 담고 있습니다.

ノ　イ　仁　仨　俌　俌　俌　俵　俵

11획

経 지날/글 경	**基** 터 기	**寄** 부칠 기	**規** 법 규	**断** 끊을 단
略 간략할/약할 략	**務** 힘쓸 무	**婦** 며느리/지어미 부	**貧** 가난할 빈	**常** 떳떳할/항상 상
設 베풀 설	**率** 거느릴 솔	**授** 줄 수	**術** 재주 술	**眼** 눈 안
液 진 액	**移** 옮길 이	**張** 베풀 장	**接** 이을 접	**情** 뜻 정
採 캘 채	**責** 꾸짖을 책	**許** 허락할 허	**險** 험할 험	**現** 나타날 현
混 섞을 혼				

経

지날 / 글 경

부수 : 糸

音 けい／きょう

経営(けいえい) 경영　経済(けいざい) 경제　経費(けいひ) 경비

経歴(けいれき) 경력　経由(けいゆ) 경유　経典(きょうてん) 경전

訓 へる

経(へ)る 경과하다, 지나다

にほん　けいざいたいこく
日本は経済大国になりました。 일본은 경제대국이 되었습니다.

おおさか　へ　とうきょう　い
大阪を経て東京へ行きました。 오사카를 거쳐 도쿄로 갔습니다.

乙 幺 幺 糸 糸 糸 紀 終 経 経 経

基

터 기

부수 : 土

음 き

基本(きほん) 기본　基礎(きそ) 기초　基地(きち) 기지

훈 もと／もとい

基(もと)づく 의거하다, 바탕을 두다　基(もとい) 건물의 토대, 기초

かくじつ　きそ　かた
確実な基礎を固めています。 확실한 기초를 굳히고 있습니다.
じじつ　もと　しら
事実を基に調べました。 사실을 토대로 조사했습니다.

一 十 卄 卄 甘 甘 其 其 其 其 基 基

Tip
★ 예제 단어 중 '의거
하다, 바탕을 두다, 근
거하다'의 뜻을 가진 동
사 基(もと)づく는 활
용도가 높으니 확실히
익혀 두세요.

寄

부칠 기

부수 : 宀

음 き

寄託(きたく) 기탁　寄金(ききん) 기금　寄宿(きしゅく) 기숙

寄生(きせい) 기생

훈 よる／よせる

寄(よ)る 접근하다, 들르다　寄(よ)せる 밀려오다, 들르게 하다

き たくきん　よ　つか
寄託金は良いところに使われました。 기탁금은 좋은 곳에 사용되었습니다.
すこ　ひだり　よ
少し左に寄ってください。 조금 왼쪽으로 다가서 주세요.

丶 宀 宀 宀 宁 宇 宇 宇 害 害 寄

規

법 규

부수 : 見

음 き

規制(きせい) 규제　規正(きせい) 규정　規則(きそく) 규칙

規律(きりつ) 규율　法規(ほうき) 법규

きそく　まも
規則を守ってください。 규칙을 지켜 주세요.

一 二 丰 夫 担 規 規 規 規 規 規

断

음 だん

決断(けつだん) 결단　断絶(だんぜつ) 단절　断続(だんぞく) 단속

中断(ちゅうだん) 중단

훈 たつ／ことわる

断(た)つ 끊다, 결단하다　断(ことわ)る 거절하다

끊을 단

부수 : 斤
정자 : 斷

決断(けつだん)の時(とき)が来(き)ました。 결단의 때가 왔습니다.
敵(てき)の退路(たいろ)を断(た)ちました。 적의 퇴로를 끊었습니다.

一 十 才 未 来 米 迷 迷 断 断

略

음 りゃく

省略(しょうりゃく) 생략　前略(ぜんりゃく) 전략

略字(りゃくじ) 약자

간략할 /
약할 략

부수 : 田

日本語(にほんご)の漢字(かんじ)は略字(りゃくじ)が多(おお)いです。 일본어 한자는 약자가 많습니다.

丨 冂 冂 田 田 町 昭 略 略 略 略

務

음 む

義務(ぎむ) 의무　公務(こうむ) 공무　事務(じむ) 사무

任務(にんむ) 임무

훈 つとめる

務(つと)める 임무를 맡다, 역할을 하다

힘쓸 무

부수 : 力

納税(のうぜい)は国民(こくみん)の義務(ぎむ)です。 납세는 국민의 의무입니다.
彼(かれ)は案内役(あんないやく)を務(つと)めてくれました。 그는 가이드 역할을 해 주었습니다.

丿 ㄱ ㅈ 子 矛 矛 矛 矛 務 務 務

음 ふ

家政婦(かせいふ) 가정부　婦人(ふじん) 부인　夫婦(ふうふ) 부부

며느리 /
지어미 부

부수 : 女

정자 : 婦

夫婦の仲がいいです。 부부 사이가 좋습니다.

くゑゑ女女゛女゛女゛女゛婦婦婦婦

음 ひん／びん

貧富(ひんぷ) 빈부　貧乏(びんぼう) 가난함, 빈핍

훈 まずしい

貧(まず)しい 가난하다

가난할 빈

부수 : 貝

貧富の格差が大きいです。 빈부의 격차가 큽니다.
貧しい生活の連続です。 가난한 생활의 연속입니다.

ノ八今分分贷贷贷貧貧貧

음 じょう

常識(じょうしき) 상식　通常(つうじょう) 통상

日常(にちじょう) 일상

훈 つね／とこ

常(つね)に 항상　常夜(とこや) 늘 밤임, 영원한 밤

떳떳할 /
항상 상

부수 : 巾

それは常識的なことです。 그것은 상식적인 일입니다.
常に念頭においてください。 항상 염두에 두세요.

ヽヽ冖严严学学常常常常

設

베풀 설

부수 : 言

음 せつ

設備(せつび) 설비　設問(せつもん) 설문　設計(せっけい) 설계

開設(かいせつ) 개설　新設(しんせつ) 신설

훈 もうける

設(もう)ける 설치하다, 마련하다

設備がよくありません。 설비가 좋지 않습니다.

新しいコーナーを設けました。 새로운 코너를 개설했습니다.

設 設 設 設 言 言 訁 言 言 言 言

率

거느릴 솔

부수 : 玄

정자 : 率

음 そつ／りつ

引率(いんそつ) 인솔　率先(そっせん) 솔선　率直(そっちょく) 솔직

能率(のうりつ) 능률

훈 ひきいる

率(ひき)いる 인솔하다

率直に言ってください。 솔직하게 말하세요.

大軍を率いた将軍です。 대군을 이끈 장군입니다.

率 率 率 玄 玄 玄 玄 玄 玄 玄 率

授

줄 수

부수 : 手

음 じゅ

教授(きょうじゅ) 교수　授業(じゅぎょう) 수업　授受(じゅじゅ) 수수

授与(じゅよ) 수여

훈 さずける／さずかる

授(さず)ける 내려주다, 전수하다　授(さず)かる (내려) 주시다

日本語の授業が始まりました。 일본어 수업이 시작되었습니다.

合格者に免許を授けました。 합격자에게 면허를 주었습니다.

授 授 授 扩 扩 扩 扩 扌 扌 扌 扌

術

재주 술

부수 : 行
정자 : 術

5학년 11회

음 じゅつ

技術(ぎじゅつ) 기술　芸術(げいじゅつ) 예술　美術(びじゅつ) 미술

げいじゅつてき　かんかく　　すぐ
芸術的な感覚が優れています。 예술적인 감각이 뛰어납니다.

ノ ク 彳 彳 彳 彳 彳 彳 彳 術 術 術

眼

눈 안

부수 : 目

음 がん／げん

眼目(がんもく) 안목　肉眼(にくがん) 육안
開眼(かいげん) (불교) 새로 만든 불상을 공양하는 의식

훈 まなこ

眼(まなこ) 눈, 눈알, 눈동자　血眼(ちまなこ) 혈안

にくがん　み　　きょり
肉眼で見える距離です。 육안으로 보이는 거리입니다.
まなこ　おお
眼が大きいです。 눈동자가 큽니다.

l 冂 冂 目 目 目 目ˀ 目ˁ 目ˁ 眼 眼 眼

Tip

★ '안경'을 뜻하는 단어는 쓸 때, 目(め)자를 써서 目鏡라고 잘못 쓰는 경우도 있는데, 眼(がん)을 써서 眼鏡(めがね)라고 쓴다는 점에 주의하세요.

液

진 액

부수 : 氵

음 えき

液晶(えきしょう) 액정　液体(えきたい) 액체
血液型(けつえきがた) 혈액형　修正液(しゅうせいえき) 수정액

しゅうせいえき　け
修正液で消してください。 수정액으로 지워 주세요.

ˋ ˋ ˋ ˦ ˦ ˦ 浐 浐 浐 液 液 液

移

음　い

移植(いしょく) 이식　移籍(いせき) 이적　移動(いどう) 이동

移民(いみん) 이민

훈　うつる／うつす

移(うつ)る 옮기다(자동사)　移(うつ)す 옮기다(타동사)

옮길 이

부수 : 禾

席を移動してください。 자리를 이동해 주세요.

新しい会社に移りました。 새 회사로 옮겼습니다.

彳　彳　千　禾　禾　禾　移　移　移　移　移

張

음　ちょう

拡張(かくちょう) 확장　緊張(きんちょう) 긴장

主張(しゅちょう) 주장

훈　はる

張(は)る 뻗다, 뻗어지다

베풀 장

부수 : 弓

道路を拡張しました。 도로를 확장했습니다.

四方につるが張りました。 사방으로 덩굴이 뻗었습니다.

ユ　ユ　弓　引　引　引　張　張　張　張　張

134

接

음　せつ

接続(せつぞく) 접속　直接(ちょくせつ) 직접　接近(せっきん) 접근

接触(せっしょく) 접촉

훈　つぐ

接(つ)ぐ 접목하다, 붙이다

이을 접

부수 : 手

接触事故を起こしました。 접촉사고를 일으켰습니다.

足の骨を接ぎます。 다리뼈를 잇습니다.

一　十　オ　オ　扌　护　护　护　接　接

情

뜻 정

부수 : 忄
정자 : 情

음 じょう／ぜい

情熱(じょうねつ) 정열　情報(じょうほう) 정보

人情(にんじょう) 인정　風情(ふぜい) 풍치, 운치, 정서

훈 なさけ

情(なさ)け 정

かれ し　　じょうねつてき　ひと
彼氏は情熱的な人です。 남자친구는 정열적인 사람입니다.

なさ　　　　ひと
情けは人のためならず。 정은 남을 위한 것이 아니다.(인정도 품앗이-일본속담)

｜　｜　｜　忄　忄　忙　忰　情　情　情　情

採

캘 채

부수 : 手
정자 : 採

음 さい

採択(さいたく) 채택　採点(さいてん) 채점　採用(さいよう) 채용

훈 とる

採(と)る 뽑다, 채택하다

おお て　きぎょう　さいよう し けん　ごうかく
大手企業の採用試験で合格しました。 대기업 채용시험에서 합격했습니다.

やま　なか　やくそう　と
山の中で薬草を採りました。 산에서 약초를 캤습니다.

一　十　扌　扌　扌　扌　扩　抒　採　採　採

責

꾸짖을 책

부수 : 貝

음 せき

責任(せきにん) 책임　責務(せきむ) 책무　問責(もんせき) 문책

훈 せめる

責(せ)める 비난하다, 꾸짖다

せきにん　　と
責任を取ってください。 책임을 지세요.

わたし　せ
私を責めないでください。 나를 비난하지 마세요.

一　十　キ　主　主　青　青　青　青　責　責

許

허락할 허

부수 : 言

음 きょ

許可(きょか) 허가　特許(とっきょ) 특허

훈 ゆるす

許(ゆる)す 허락하다, 용서하다

特許品(とっきょひん)がよく売(う)れています。 특허품이 잘 팔리고 있습니다.

お許(ゆる)しください。 용서해 주세요.

許 許 許 許 許 許 許 許 許 許 許

険

험할 험

부수 : ß

정자 : 險

음 けん

険悪(けんあく) 험악　保険(ほけん) 보험　冒険(ぼうけん) 모험

훈 けわしい

険(けわ)しい 험악하다

健康保険(けんこうほけん)に加入(かにゅう)しました。 건강보험에 가입했습니다.

険(けわ)しい道(みち)。 험한 길.

険 険 ß ß ß 険 険 険 険 険 険 険

現

나타날 현

부수 : 王

음 げん

現実(げんじつ) 현실　現象(げんしょう) 현상　現代(げんだい) 현대

現場(げんば) 현장　再現(さいげん) 재현　実現(じつげん) 실현

훈 あらわれる／あらわす

現(あらわ)れる 나타나다　現(あらわ)す 나타내다

現実的(げんじつてき)に不可能(ふかのう)です。 현실적으로 불가능합니다.

本性(ほんしょう)が現(あらわ)れ始(はじ)めました。 본성이 나타나기 시작했습니다.

現 現 王 王 王 現 現 現 現 現 現 現

136

混

섞을 혼

부수 : 氵

음 こん

混合(こんごう) 혼합　混雑(こんざつ) 혼잡

混同(こんどう) 혼동　混乱(こんらん) 혼란

훈 まじる／まざる／まぜる

混(ま)じる 섞이다　混(ま)ざる 섞이다　混(ま)ぜる 섞다

ひと　おお　こんざつ
人が多くて混雑しています。 사람이 많아서 혼잡합니다.

こめ　まめ　ま
米に豆を混ぜました。 쌀에 콩을 섞었습니다.

混混混混混混混混混混混

12획

減 덜 감	検 검사할 검	過 지날 과	貸 빌릴 대	貿 무역할 무
報 갚을/알릴 보	復 회복할 복/다시 부	富 부자 부	備 갖출 비	税 세금 세
属 무리 속	営 경영할 영	絶 끊을 절	程 한도/길 정	提 끌 제
証 증거 증	測 헤아릴 측	統 거느릴 통	評 평할 평	賀 하례할 하

減

덜 감

부수 : 氵

음 げん

減少(げんしょう) 감소　減税(げんぜい) 감세　削減(さくげん) 삭감

훈 へる／へらす

減(へ)る 줄다　減(へ)らす 줄이다

ぜいきん　　げんぜい
税金が減税されました。 세금이 감세되었습니다.
こんげつ　　きゅうりょう　　へ
今月の給料が減りました。 이번 달의 봉급이 줄었습니다.

丶 冫 冫 汀 汀 浜 減 減 減 減 減

検

검사할 검

부수 : 木
정자 : 檢

음 けん

検閲(けんえつ) 검열　検査(けんさ) 검사　検事(けんじ) 검사

実験(じっけん) 실험　点検(てんけん) 점검

車の定期点検をしてください。
くるま　ていき てんけん

자동차 정기점검을 해 주세요.

一 十 才 木 术 朴 朴 柃 柃 栓 栓 検

Tip

★ 検(けん)과 険(けん)은 비슷하지만 쓰임새는 전혀 다른 한자입니다. 후자의 険(けん)은 '険(けわ)しい 험악하다', '険悪(けんあく) 험악' 등의 단어에 활용됩니다.

過

지날 과

부수 : 辶
정자 : 過

음 か

過激(かげき) 과격　過去(かこ) 과거　過失(かしつ) 과실

通過(つうか) 통과

훈 すぎる／すごす／あやまつ／あやまち

過(す)ぎる 지나다, 통과하다　過(す)ごす 지내다

過(あやま)つ 실수하다　過(あやま)ち 잘못, 실수

過激にしないでください。 과격하게 하지 마세요.
かげき

酒を飲み過ぎたようです。 술을 너무 마신 것 같습니다.
さけ の す

139

丨 冂 冂 冎 咼 咼 咼 咼 渦 渦 過

貸

빌릴 대

부수 : 貝

음 たい

貸借(たいしゃく) 대차　貸与(たいよ) 대여　賃貸(ちんたい) 임대

훈 かす

貸(か)す 빌려주다

賃貸マンションを借りました。 임대 맨션을 빌렸습니다.
ちんたい か

辞書を貸してください。 사전을 빌려 주세요.
じしょ か

ノ 亻 仁 代 代 代 伫 侉 侉 貸 貸 貸

貿

무역할 무

부수 : 貝

음 ぼう

貿易(ぼうえき) 무역

日本は、アメリカとの貿易が最もさかんです。
にほん　　　　　　　　　　　　ぼうえき　　もっと

일본은 미국과의 무역이 가장 활발합니다.

貿 貿 貿 貿 貿 貿 貿 貿 貿 貿 貿 貿

報

갚을 / 알릴 보

부수 : 土

음 ほう

速報(そくほう) 속보　報告(ほうこく) 보고　報道(ほうどう) 보도

報復(ほうふく) 보복

훈 むくいる

報(むく)いる 보답하다, 갚다

社長に報告しました。 사장에게 보고했습니다.
しゃちょう　ほうこく

恩に報います。 은혜에 보답하겠습니다.
おん　むく

報 報 報 報 報 報 報 報 報 報 報 報

140

復

회복할 복 /
다시 부

부수 : 彳

음 ふく

往復(おうふく) 왕복　復活(ふっかつ) 부활　復元(ふくげん) 복원

復讐(ふくしゅう) 복수　復習(ふくしゅう) 복습

報復(ほうふく) 보복

元通りに復元しました。 원래대로 복원했습니다.
もとどお　　　ふくげん

復 復 復 復 復 復 復 復 復 復 復 復

Tip

★ 復(ふく)와 複(ふく)는 혼동하기 쉬운 한자입니다. 전자는 '往復(おうふく) 왕복', 후자는 '重複(じゅうふく)중복'으로 각각 쓰임에 주의해서 연습합시다.

富

부자 부

부수 : 宀

음 ふ／ふう

富国(ふこく) 부국　富裕(ふゆう) 부유

豊富(ほうふ) 풍부　富貴(ふうき／ふっき) 부귀

훈 とむ／とみ

富(と)む 넉넉하다, 풍부하다　富(とみ) 부, 재산, 재화

豊富な経験を活かしています。 풍부한 경험을 살리고 있습니다.

ユーモア感覚に富んでいます。 유머 감각이 풍부합니다.

丶丶宀宀宀宁宁官官官富富

備

갖출 비

부수 : 亻

음 び

完備(かんび) 완비　準備(じゅんび) 준비　備考(びこう) 비고

훈 そなえる／そなわる

備(そな)える 갖추다, 준비하다
備(そな)わる 갖춰지다, 구비되다

あらゆる設備を完備しています。 모든 설비를 완비했습니다.

完璧に備わっています。 완벽하게 갖춰져 있습니다.

ノ亻亻亻仕件件借備備備

税

세금 세

부수 : 禾

정자 : 稅

음 ぜい

血税(けつぜい) 혈세　税金(ぜいきん) 세금　租税(そぜい) 조세

納税(のうぜい) 납세

税金は国民の血と汗です。 세금은 국민의 피와 땀입니다.

一二千千千禾禾利利秒税税

属

무리 속

부수 : 尸
정자 : 屬

음 ぞく

金属(きんぞく) 금속　貴金属(ききんぞく) 귀금속

所属(しょぞく) 소속　付属(ふぞく) 부속　属国(ぞっこく) 속국

<ruby>貴金属<rt>き きんぞく</rt></ruby>を<ruby>売<rt>う</rt></ruby>ってしまいました。 귀금속을 팔아 버렸습니다.

┐ ┐ ヲ 尸 尸 尸 尽 尿 居 居 属 属 属

営

경영할 영

부수 : 火
정자 : 營

음 えい

運営(うんえい) 운영　営業(えいぎょう) 영업　営利(えいり) 영리

経営(けいえい) 경영

훈 いと**なむ**

営(いとな)む 경영하다

<ruby>営業実績<rt>えいぎょうじっせき</rt></ruby>が<ruby>悪<rt>わる</rt></ruby>いです。 영업실적이 나쁩니다.

<ruby>小<rt>ちい</rt></ruby>さい<ruby>店<rt>みせ</rt></ruby>を<ruby>営<rt>いとな</rt></ruby>んでいます。 작은 가게를 경영하고 있습니다.

` ` ` ` ` 営 営 学 学 営 営 営 営 営

絶

끊을 절

부수 : 糸
정자 : 絕

음 ぜつ

絶望(ぜつぼう) 절망　断絶(だんぜつ) 단절　絶好(ぜっこう) 절호

絶交(ぜっこう) 절교　絶対(ぜったい) 절대

훈 た**える** / た**やす** / た**つ**

絶(た)える 끊어지다　絶(た)やす 끊어지게 하다　絶(た)つ 끊다

<ruby>絶好<rt>ぜっこう</rt></ruby>のチャンスです。 절호의 찬스입니다.

<ruby>食糧<rt>しょくりょう</rt></ruby>の<ruby>供給<rt>きょうきゅう</rt></ruby>が<ruby>絶<rt>た</rt></ruby>えました。 식량 공급이 끊겼습니다.

l 幺 幺 幺 糸 糸 糸 紀 紀 絡 絡 絶

程

한도 / 길 정

부수 : 禾

음 てい

規程(きてい) 규정　程度(ていど) 정도　日程(にってい) 일정

旅程(りょてい) 여정

훈 ほど

程々(ほどほど) 적당히, 정도껏　身(み)の程(ほど) 분수

程遠(ほどとお)い (거리가) 멀다

程度を越えました。 정도를 넘었습니다.

程々にしてください。 정도껏 하세요.

イ ニ 千 チ ネ 禾 利 和 程 程 程 程

提

끌 제

부수 : 手

음 てい

前提(ぜんてい) 전제　提議(ていぎ) 제의　提供(ていきょう) 제공

提示(ていじ) 제시　提出(ていしゅつ) 제출

훈 さげる

提(さ)げる (손에) 들다

情報を提供してください。 정보를 제공해 주세요.

ハンドバックを提げています。 핸드백을 들고 있습니다.

一 十 扌 扌 押 押 押 押 提 提 提

証

증거 증

부수 : 言

음 しょう

証拠(しょうこ) 증거　証人(しょうにん) 증인

証明(しょうめい) 증명

身元証明書を見せてください。 신분증명서를 보여 주세요.

丶 亠 亠 言 言 言 訂 訂 証 証

測

헤아릴 측

부수 : 氵

음 そく

推測(すいそく) 추측　測定(そくてい) 측정　測量(そくりょう) 측량

予測(よそく) 예측

훈 はか**る**

測(はか)る 재다, 달다

すいそく　あた
推測が当りました。 추측이 맞았습니다.

たいじゅう　はか　　み
体重を測って見ます。 몸무게를 달아 보겠습니다.

測 氵 氵 氵 沪 沪 沪 沪 沪 沪 測 測

統

거느릴 통

부수 : 糸

음 とう

系統(けいとう) 계통　総統(そうとう) 총통　伝統(でんとう) 전통

統一(とういつ) 통일　統計(とうけい) 통계

훈 す**べる**

統(す)べる 총괄하다

きもの　　にほん　でんとういしょう
着物は日本の伝統衣装です。 기모노는 일본의 전통의상입니다.

しゃちょう　ぜんたい　す
社長が全体を統べています。 사장이 전체를 총괄하고 있습니다.

統 統 統 統 統 統 統 統 統 統 統 統

評

평할 평

부수 : 言
정자 : 評

음 ひょう

好評(こうひょう) 호평　批評(ひひょう) 비평　評価(ひょうか) 평가

評論(ひょうろん) 평론

えいがさい　こうひょう　うち　お
映画祭が好評の内に終わりました。 영화제가 호평으로 끝났습니다.

評 評 評 言 言 言 言 訂 評 評 評 評

賀

하례할 하

부수 : 貝

음 が

祝賀(しゅくが) 축하

───────────────────────────────────

けっこんしきじょう おお しゅく が きゃく き
結婚式場に多くの祝賀客が来ました。 결혼식장에 많은 축하객이 왔습니다.

ノ カ カ カ 加 賀 智 智 智 智 賀 賀

20과

13획

群 무리 군	禁 금할 금	幹 줄기 간	鉱 쇳돌 광	夢 꿈 몽
墓 무덤 묘	飼 기를 사	勢 형세 세	損 덜 손	預 맡길/미리 예
義 옳을 의	資 재물 자	準 준할 준	罪 허물 죄	豊 풍년 풍
解 풀 해				

群

음 ぐん

群集(ぐんしゅう) 군집　群衆(ぐんしゅう) 군중　抜群(ばつぐん) 발군

훈 むれ／むれる／むら

群(む)れ 떼 무리　群(む)れる 떼를 짓다, 군집하다　群(む)ら 무리, 떼

무리 군

부수 : 羊

ばつぐん
抜群のアイデアです。 발군의 아이디어입니다.

とり　　む　　　　　　　と
鳥が群れをなして飛んでいます。 새가 무리를 지어 날고 있습니다.

フ　ラ　ヲ　尹　尹　君　君　君　君'　群'　群'　群'　群

禁

음 **きん**

監禁(かんきん) 감금　禁煙(きんえん) 금연　禁止(きんし) 금지

厳禁(げんきん) 엄금　禁(きん)じる 금하다

금할 금

부수 : 示

体のために禁煙します。 몸을 위해서 금연하겠습니다.

一 十 オ オ 木 朴 材 林 林 林 埜 禁 禁 禁

幹

음 **かん**

幹部(かんぶ) 간부　幹事(かんじ) 간사　幹枝(かんし) 줄기와 가지

훈 **みき**

幹(みき) 나무줄기

줄기 간

부수 : 干

彼女は「レッド・デビル」の幹事です。 그녀는 '붉은 악마'의 간사입니다.

木は根と幹と枝と葉から成っています。

나무는 뿌리, 줄기, 가지, 잎으로 구성되어 있습니다.

一 十 十 古 古 古 古 卓 卓 幹 幹 幹 幹

鉱

음 **こう**

鉱業(こうぎょう) 광업　炭鉱(たんこう) 탄광

鉄鉱(てっこう) 철광

쇳돌 광

부수 : 金

정자 : 鑛

鉱業は第一次産業です。 광업은 제1차 산업입니다.

ノ ト ト ゲ 午 余 金 金 金 釘 釘 鉱 鉱

夢

음 む

夢想(むそう) 몽상　悪夢(あくむ) 악몽　夢中(むちゅう) 열중

훈 ゆめ

初夢(はつゆめ) 새해 첫 꿈

꿈 몽

부수 : 夕
정자 : 夢

子供(こども)たちが夢中(むちゅう)で遊(あそ)んでいます。 아이들이 정신없이 놀고 있습니다.

夢(ゆめ)はかなえられます。 꿈은 이루어집니다.

一 莉 苩 苩 芦 芦 莎 莎 莤 萌 荚 荚 夢 夢

墓

음 ぼ

墳墓(ふんぼ) 분묘　墓地(ぼち) 묘지

훈 はか

墓参(はかまい)り 성묘

무덤 묘

부수 : 土
정자 : 墓

墓地(ぼち)に雑草(ざっそう)が生(は)えています。 묘지에 잡초가 나 있습니다.

墓参(はかまい)りをしてきました。 성묘를 하고 왔습니다.

一 莫 莫 莫 莫 芦 苩 莫 莫 莫 莫 募 墓 墓

飼

음 し

飼育(しいく) 사육　飼料(しりょう) 사료

훈 かう

飼(か)う 사육하다

기를 사

부수 : 食
정자 : 飼

鶏(にわとり)に飼料(しりょう)をやりました。 닭에게 사료를 주었습니다.

ネコを飼(か)っています。 고양이를 기르고 있습니다.

丿 亽 亽 今 今 今 今 食 食 飣 飣 飣 飼 飼

勢

형세 세

부수 : 力

5학년 13회

음 せい

威勢(いせい) 위세　姿勢(しせい) 자세　情勢(じょうせい) 정세

勢力(せいりょく) 세력

훈 いきおい

勢(いきおい) 기세

正しい姿勢を取ってください。　바른 자세를 취하세요.

すごい勢いで走って来ました。　대단한 기세로 달려 왔습니다.

一 十 土 土 寺 寺 幸 執 執 執 勢 勢

損

덜 손

부수 : 手

음 そん

毀損(きそん) 훼손　欠損(けっそん) 결손　損益(そんえき) 손익

損害(そんがい) 손해　損傷(そんしょう) 손상

훈 そこなう／そこねる

損(そこ)なう 손상하다, 살상하다　損(そこ)ねる 손상하다

損害が大きいです。　손해가 큽니다.

お酒は健康を損ないます。　술은 건강을 해칩니다.

一 十 扌 扌 扩 护 护 捐 捐 捐 損 損 損

149

預

맡길 / 미리 예

부수 : 頁

음 よ

預金通帳(よきんつうちょう) 예금통장　預言(よげん) 예언

훈 あずかる／あずける

預(あず)かる 맡다, 보관하다　預(あず)ける 맡기다

預金通帳を作ってください。　예금통장을 만들어 주세요.

貴重品は預けてください。　귀중품은 맡겨 두세요.

一 了 マ 予 予 予 扞 預 預 預 預 預 預

Tip

★ '예언'이란 한자를 쓸 때, 예제 단어에서처럼 預言(よげん)이라고 쓰기도 하지만, 予言(よげん)이라고 표기하기도 합니다.

義

음 ぎ

意義(いぎ) 이의　義理(ぎり) 의리　信義(しんぎ) 신의

옳을 의

부수 : 羊

ぎ り　きょうだい
義理の兄弟です。 의형제입니다.

義 義 義 美 美 義 美 美 美 羊 義 義 義

資

음 し

資格(しかく) 자격　資金(しきん) 자금　資本(しほん) 자본

物資(ぶっし) 물자

재물 자

부수 : 貝

し きん　あつ
資金を集めてください。 자금을 모아 주세요.

資 資 資 資 資 資 资 资 资 資 資 資 資

準

음 じゅん

準備(じゅんび) 준비　水準(すいじゅん) 수준

標準(ひょうじゅん) 표준

준할 준

부수 : 氵

じゅん び　ぶ そく
準備不足です。 준비부족입니다.

準 準 準 準 準 準 準 準 準 準 準 準 準

罪

허물 죄

부수 : 罒

음 ざい

罪悪(ざいあく) 죄악　罪人(ざいにん) 죄인　謝罪(しゃざい) 사죄

훈 つみ

罪(つみ) 죄

しゃざい
謝罪してください。 사죄해 주세요.

つみ　おか
罪を犯しました。 죄를 범했습니다.

丨 口 日 日 罒 罪 罪 罪 罪 罪 罪 罪 罪

豊

풍년 풍

부수 : 豆

음 ほう

豊作(ほうさく) 풍작　豊年(ほうねん) 풍년　豊富(ほうふ) 풍부

豊満(ほうまん) 풍만

훈 ゆたか

豊(ゆた)かだ 풍부하다

こ とし　ほうさく
今年は豊作です。 금년은 풍작입니다.

ゆた　 ち しき　も
豊かな知識を持っています。 풍부한 지식을 갖고 있습니다.

丨 口 曲 曲 曲 曲 曲 豊 豊 豊 豊 豊 豊

Tip
★ 豊(ほう)가 인명으
로 활용되는 경우의 예
로 豊臣(とよとみ)라
는 성씨가 있습니다.

解

풀 해

부수 : 角

음 かい

解答(かいとう) 해답　解説(かいせつ) 해설　読解(どっかい) 독해

見解(けんかい) 견해　理解(りかい) 이해

훈 とく／とかす／とける

解(と)く 풀다　解(と)かす 녹이다

解(と)ける 풀리다

し あい　かいせつ
試合を解説しています。 시합을 해설하고 있습니다.

もんだい　と
ややこしい問題を解きました。 까다로운 문제를 풀었습니다.

ク ク ク 角 角 角 角 解 解 解 解 解

21 과

14 획

境 지경 경	構 얽을 구	慣 익숙할 관	德 큰 덕	銅 구리 동
領 거느릴 령	綿 솜 면	複 겹칠 복	酸 실 산	像 모양 상
演 펼 연	雑 섞일 잡	適 맞을 적	銭 돈 전	精 정할 정
際 즈음/가 제	製 지을 제	增 더할 증	総 다 총	態 모습 태

境

지경 경

부수 : 土

음 きょう／けい

環境(かんきょう) 환경　境界(きょうかい) 경계

国境(こっきょう) 국경　心境(しんきょう) 심경　境内(けいだい) 경내

훈 さかい

境(さかい) 경계　境目(さかいめ) 경계선

かんきょう　せ かいてき　もんだい
環境は世界的な問題です。　환경은 세계적인 문제입니다.

せい し　さかい　た
生死の境に立っています。　생사의 기로에 서 있습니다.

一十土土圹圹垆垆培培境境境

構

읽을 구

부수 : 木

음 こう

機構(きこう) 기구　構造(こうぞう) 구조　構内(こうない) 구내

훈 かまえる／かまう

構(かま)える 자세를 취하다　構(かま)う 관계하다, 상대하다

機械の構造が違います。 기계의 구조가 다릅니다.

カメラを構えています。 사진 찍을 자세를 취하고 있습니다.

一 十 才 木 朴 村 村 档 棤 棤 構 構 構 構

慣

익숙할 관

부수 : 忄

음 かん

慣行(かんこう) 관행　慣習(かんしゅう) 관습　習慣(しゅうかん) 습관

훈 なれる／ならす

慣(な)れる 익숙하다　慣(な)らす 순응시키다, 적응시키다

日本とは慣習が違います。 일본과는 관습이 다릅니다.

日本の生活に慣れてきました。 일본생활에 익숙해지고 있습니다.

丨 忄 忄 忄 忄 忄 忄 慣 慣 慣 慣 慣 慣 慣

徳

큰 덕

부수 : 彳

정자 : 德

음 とく

恩徳(おんとく) 은덕　人徳(じんとく) 인덕　道徳(どうとく) 도덕

道徳的な行為ではありません。

도덕적인 행위가 아닙니다.

ノ ク イ 彳 彳 犲 犲 徆 徳 徳 徳 徳 徳 徳

銅

음 どう

銅銭(どうせん) 동전　銅(どう)メダル 동메달

구리 동

부수 : 金

銅メダルを獲得しました。 동메달을 획득했습니다.
どう　かくとく

ノ ノ ヒ ヒ 占 玒 玒 金 金 釘 銅 銅 銅 銅 銅

領

음 りょう

綱領(こうりょう) 강령　占領(せんりょう) 점령

大統領(だいとうりょう) 대통령　領有(りょうゆう) 영유

領主(りょうしゅ) 영주　要領(ようりょう) 요령

거느릴 령

부수 : 頁
정자 : 領

大統領は国民の代表です。 대통령은 국민의 대표입니다.
だいとうりょう　こくみん　だいひょう

ノ ヘ ヘ ヘ 今 令 今 多 豹 領 領 領 領 領 領

154

綿

음 めん

木綿(もめん) 무명, 목면　綿花(めんか) 면화

훈 わた

綿(わた) 목화, 솜　真綿(まわた) 풀솜, 설면자

솜 면

부수 : 糸

半分は木綿を入れました。 반은 무명을 넣었습니다.
はんぶん　もめん　い

綿を入れた布団は暖かいです。 솜을 넣은 이불은 따뜻합니다.
わた　い　ふとん　あたた

, ㇄ ㇄ ㇄ 幺 乡 糸 糸 糸' 約 約 綿 綿 綿 綿

Tip
★ 綿(めん)의 한자는
'비단'이란 의미인 錦
(にしき)의 한자와 '쇠
금 변' 차이로 혼동되
기 쉬운 한자이니 주의
해서 연습하세요.

複

겹칠 복

부수 : ネ

음 ふく

重複(ちょうふく／じゅうふく) 중복　複雑(ふくざつ) 복잡

複数(ふくすう) 복수　複製(ふくせい) 복제

- -

じゅうふく
重複しないようにしてください。

중복하지 않도록 해주세요.

`ラ ネ ネ ネ ネ 衤 衤 衤 衤 複 複 複`

酸

실 산

부수 : 酉

음 さん

塩酸(えんさん) 염산　酸化(さんか) 산화　酸素(さんそ) 산소

炭酸(たんさん) 탄산

훈 すい

酸(す)い 시다

- -

さんそ　　す
酸素を吸いました。 산소를 마셨습니다.

す　あじ
酸い味かします。 신 맛이 납니다.

`一 丆 丆 西 酉 酉 酢 酢 酢 酸 酸 酸`

像

모양 상

부수 : イ

음 ぞう

銅像(どうぞう) 동상　実像(じつぞう) 실상　想像(そうぞう) 상상

仏像(ぶつぞう) 불상

- -

じゅう ねん ご　　すがた　そうぞう
１０年後の姿を想像してみてください。 10년후의 모습을 상상해 봐 주세요.

`ノ イ 仁 仟 伊 伊 伊 伊 俜 像 像 像`

演

펼 연

부수 : 氵

음 えん

演芸(えんげい) 연예　演出(えんしゅつ) 연출　演説(えんぜつ) 연설
講演(こうえん) 강연　公演(こうえん) 공연　出演(しゅつえん) 출연
演(えん)じる 연기하다

훈 えんじる／えんずる

演(えん)ずる 연기하다

がいとうえんぜつ
街頭演説をしています。가두연설을 하고 있습니다.
ぶ たい　えん
舞台で演じています。무대에서 연기하고 있습니다.

演 演 演 演 演 演 演 演 演 演 演 演 演 演

雑

섞일 잡

부수 : 隹
정자 : 雜

음 ざつ／ぞう

混雑(こんざつ) 혼잡　乱雑(らんざつ) 난잡　雑誌(ざっし) 잡지
雑費(ざっぴ) 잡비　雑木林(ぞうきばやし) 잡목림

ざっ し　か　　よ
雑誌を買って読みました。잡지를 사서 읽었습니다.

雑 九 雑 雑 雑 雑 雑 雑 雑 雑 雑 雑 雑 雑

適

맞을 적

부수 : 辶
정자 : 適

음 てき

快適(かいてき) 쾌적　適性検査(てきせいけんさ) 적성검사
適当(てきとう) 적당

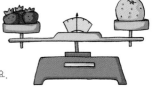

てきとう　い
適当に入れてください。적당히 넣어 주세요.

適 適 適 適 適 適 適 適 適 適 適 適 適 適

銭

돈 전

부수 : 金
정자 : 銭

음 せん

金銭(きんせん) 금전　銭湯(せんとう) 대중목욕탕　銅銭(どうせん) 동전

훈 ぜに

銭(ぜに) 돈, 화폐　小銭(こぜに) 잔돈

きんせんかんかく　にぶ
金銭感覚が鈍くなりました。 금전감각이 둔해졌습니다.
　　　　　　　　なか　こぜに
ポケットの中に小銭がありません。 호주머니 속에 잔돈이 없습니다.

ノ　ハ　ハ　午　午　金　金　金　針　釗　針　銭　銭　銭

精

정할 정

부수 : 米
정자 : 精

음 せい／しょう

精神(せいしん) 정신　精米(せいまい) 정미
精密(せいみつ) 정밀　精油(せいゆ) 정유

せいしん　しゅうちゅう
精神を集中してください。 정신을 집중해 주세요.

丶　丷　丷　半　米　米　米　米　精　精　精　精

際

즈음 / 가 제

부수 : 阝

음 さい

国際(こくさい) 국제

훈 きわ

際(きわ) 가장자리, 근처　窓際(まどぎわ) 창가

かれ　こくさいてき　じんぶつ
彼は国際的な人物です。 그는 국제적인 인물입니다.
まどぎわ　　かびん
窓際に花瓶をおきました。 창가에 꽃병을 놓았습니다.

フ　３　Ｆ　Ｆ　ß　ß　ß　ß　際　際　際　際　際

製

음 せい

製作(せいさく) 제작　製造(せいぞう) 제조　製薬(せいやく) 제약
外国製(がいこくせい) 외국제

지을 제
부수 : 衣

製作にかかる費用を減らします。 제작에 드는 비용을 줄이겠습니다.

丿 气 气 气 气 气 隼 制 制 制 制 製 製 製 製

増

음 ぞう

増加(ぞうか) 증가　増進(ぞうしん) 증진　増大(ぞうだい) 증대

훈 ます／ふえる／ふやす

増(ま)す 많아지다　増(ふ)える 늘다　増(ふ)やす 늘리다

더할 증
부수 : 土
정자 : 增

日本との貿易が増加しました。 일본과의 무역이 증가했습니다.
毎年、人口が増えています。 매년 인구가 늘고 있습니다.

ナ 十 土 圹 圹 圹 埒 增 增 增 增 增 增

総

음 そう

総会(そうかい) 총회　総括(そうかつ) 총괄　総計(そうけい) 총계
総務(そうむ) 총무　総理(そうり) 총리

다 총
부수 : 糸
정자 : 總

日本の総理が韓国を訪問しました。
일본 총리가 한국을 방문했습니다.

く 幺 幺 牟 糸 糸 糸 紵 紵 紵 総 総 総

態

음 たい

形態(けいたい) 형태　態勢(たいせい) 태세　態度(たいど) 태도

모습 태

부수 : 心

態度を変えてしまいました。 태도를 바꿔 버렸습니다.

Tip
★ 態(たい)는 '곰'이
란 의미의 한자인 熊
(くま)와 비슷하니 주
의하세요.

ノ ム ゟ 介 自 自 自 能 能 能 能 態 態 態

15~16획

潔 깨끗할 결	導 인도할 도	敵 대적할 적	質 바탕 질	賛 도울 찬
編 엮을 편	暴 사나울 폭/모질 포	確 굳을 확	燃 탈 연	輸 보낼 수
衛 지킬 위	築 쌓을 축	興 일 흥		

潔

깨끗할 결

부수 : 氵

[음] けつ

高潔(こうけつ) 고결　純潔(じゅんけつ) 순결　清潔(せいけつ) 청결
潔白(けっぱく) 결백

[훈] いさぎよい

潔(いさぎよ)い 깨끗하다, 떳떳하다

けっぱく　しゅちょう
潔白を主張しています。 결백을 주장하고 있습니다.
いさぎよ　あやま
潔く謝りました。 깨끗하게 사과했습니다.

潔 潔 潔 潔 潔 潔 潔 潔 潔 潔 潔 潔 潔 潔 潔

導

인도할 도

부수 : 寸
정자 : 導

5학년 15~16획

음 どう

引導(いんどう) 인도　導火線(どうかせん) 도화선

導入(どうにゅう) 도입

훈 みちびく

導(みちび)く 인도하다

先進国(せんしんこく)の制度(せいど)を導入(どうにゅう)しました。　선진국 제도를 도입했습니다.

交渉(こうしょう)を有利(ゆうり)な方(ほう)に導(みちび)きました。　교섭을 유리한 쪽으로 이끌었습니다.

丷 丷 丷 丷 产 芦 首 首 首 首 渞 道 道 導 導

敵

대적할 적

부수 : 攵

음 てき

敵意(てきい) 적의　敵地(てきち) 적지　匹敵(ひってき) 필적

훈 かたき

敵(かたき) 원수　敵役(かたきやく) 악역

敵地(てきち)で戦(たたか)いました。　적지에서 싸웠습니다.

親(おや)の敵(かたき)を討(う)ちました。　부모의 원수를 갚습니다.

丷 亠 产 汴 产 商 商 商 商 商 商 敵 敵 敵 敵

Tip

★ 敵(てき)와 適(てき)는 동음이의어입니다. 전자는 '원수'라는 의미로 활용되고 후자는 '알맞다, 적당하다'라는 의미로 활용되는 한자입니다.

質

바탕 질

부수 : 貝

음 しつ／しち／ち

質量(しつりょう) 질량　質屋(しちや) 전당포　言質(げんち) 언질

質屋(しちや)でお金(かね)を借(か)りました。　전당포에서 돈을 빌렸습니다.

丷 广 斤 斤 斦 斦 斦 斦 斦 質 質 質 質 質

贊

도울 찬

부수 : 貝
정자 : 贊

음 さん

賛成(さんせい) 찬성　賛美(さんび) 찬미　絶賛(ぜっさん) 절찬

_{わたし} _{かれ} _{いけん} _{さんせい}
私は彼の意見に賛成しました。 저는 그의 의견에 찬성했습니다.

一 ニ チ 夫 夫 夫 夫 扶 扶 扶 恭 恭 替 替 替 贊 贊

編

엮을 편

부수 : 糸

음 へん

編集(へんしゅう) 편집　編入(へんにゅう) 편입

훈 あむ

編(あ)む 뜨다, 엮다

_{へんにゅう し けん} _{じゅんび}
編入試験の準備をしています。 편입시험 준비를 하고 있습니다.
_{かれ し} _あ
彼氏にあげるセーターを編んでいます。 남자친구에게 줄 스웨터를 짜고 있습니다.

＇ 糸 糸 糸 糸 糸 糸 紵 紵 紵 紵 絹 絹 編 編

暴

사나울 폭 /
모질 포

부수 : 日

음 ぼう/ばく

暴言(ぼうげん) 폭언　暴動(ぼうどう) 폭동　暴力(ぼうりょく) 폭력

暴露(ばくろ) 폭로

훈 あばく/あばれる

暴(あば)く 폭로하다, 파헤치다　暴(あば)れる 난폭하게 굴다

_{じょせい} _{ぼうりょく}
女性に暴力をふるってはいけません。 여성에게 폭력을 사용해서는 안 됩니다.
_{ひ みつ} _{あば}
秘密を暴きました。 비밀을 폭로했습니다.

丨 冂 日 旦 旦 早 昇 昇 昇 昇 暴 暴 暴 暴 暴

Tip

★ 暴과 비슷한 '爆(터
질 폭)'은 화기와 관련
된 단어에 주로 쓰입니
다.

確

군을 확

부수 : 石

음 かく

確実(かくじつ) 확실　確信(かくしん) 확신　確認(かくにん) 확인

確立(かくりつ) 확립　明確(めいかく) 명확

훈 たしか／たしかめる

確(たし)かだ 확실하다　確(たし)かめる 확인하다

かくじつ　　やくそく　　まも
確実に約束を守ってください。 확실하게 약속을 지켜주세요.

たし　　しょうこ
確かな証拠がありません。 확실한 증거가 없습니다.

一　ブ　メ　五　右　矿　矿　矿　矿　碎　碓　碓　確　確　確

16획

燃

탈 연

부수 : 火

음 ねん

燃焼(ねんしょう) 연소　燃料(ねんりょう) 연료

훈 もえる／もやす／もす

燃(も)える 불타다　燃(も)やす 불태우다　燃(も)す 불태우다

ねんりょう　　　　　　ちい
燃料タンクが小さいです。 연료탱크가 작습니다.

いえ　も
家が燃えてしまいました。 집이 불타 버렸습니다.

・　・　ナ　オ　火　炒　炒　炒　炒　炒　燃　燃　燃　燃　燃　燃

5학년 15~16획

163

輸

보낼 수

부수 : 車

정자 : 輸

음 ゆ

輸送(ゆそう) 수송　輸出(ゆしゅつ) 수출　輸入(ゆにゅう) 수입

ことし　　ゆしゅつ　　くろじ
今年の輸出は黒字です。 금년 수출은 흑자입니다.

一　厂　盲　盲　盲　車　車　軒　軒　軩　輪　輪　輪　輸　輸

衛

음 えい

衛星(えいせい) 위성　衛兵(えいへい) 위병

自衛隊(じえいたい) 자위대　防衛(ぼうえい) 방위

지킬 위
부수 : 行

えいせいほうそう　うつ
衛星放送が映りますか。

위성방송이 나옵니까?

衛 イ 彳 徉 徉 徉 徉 徨 徨 徨 徨 衛 衛 衛 衛

築

음 ちく

建築(けんちく) 건축　新築(しんちく) 신축　増築(ぞうちく) 증축

훈 きずく

築(きず)く 쌓아 올리다, 구축하다

쌓을 축
부수 : 竹

けんちくがいしゃ　せっけいし
建築会社の設計士です。 건축회사의 설계사입니다.
かくじつ　どだい　きず
確実な土台を築きました。 확실한 토대를 쌓았습니다.

築 築 築 築 築 築 築 築 築 築 築 築 築 築 築 築

164

興

음 こう／きょう

興亡(こうぼう) 흥망　中興(ちゅうこう) 중흥　興味(きょうみ) 흥미

훈 おこる／おこす

興(おこ)る 흥하다　興(おこ)す 흥하게 하다, 일으키다

일 흥
부수 : 臼

きょうみ
興味のないテーマです。 흥미 없는 주제입니다.
じゅうねんまえ　じょうほうさんぎょう　おこ
10年前に情報産業が興りました。 10년전에 정보산업이 성행했습니다.

興 イ 臼 臼 臼 臼 臼 臼 臼 臼 臼 興 興 興 興 興

23과

17~20획

講 욀 강	**謝** 사례할 사	**績** 길쌈 적	**額** 이마 액	**職** 직분 직
織 짤 직	**識** 알 식	**護** 도울 호		

講

욀 강

부수 : 言

음 こう

開講(かいこう) 개강　講演(こうえん) 강연　講義(こうぎ) 강의

講習(こうしゅう) 강습　講(こう)じる 강의하다, 강구하다(=講ずる)

훈 こうずる

講(こう)ずる 강의하다, 강구하다

<ruby>新<rt>しん</rt></ruby><ruby>学<rt>がっ</rt></ruby><ruby>期<rt>き</rt></ruby>の<ruby>開<rt>かい</rt></ruby><ruby>講<rt>こう</rt></ruby>の<ruby>準<rt>じゅん</rt></ruby><ruby>備<rt>び</rt></ruby>をしています。 신학기 개강 준비를 하고 있습니다.

<ruby>教<rt>きょう</rt></ruby><ruby>養<rt>よう</rt></ruby>で<ruby>日<rt>に</rt></ruby><ruby>本<rt>ほん</rt></ruby><ruby>語<rt>ご</rt></ruby>を<ruby>講<rt>こう</rt></ruby>じています。 교양으로 일본어를 강의하고 있습니다.

講 講 講 講 講 講 講 講 講 講 講 講 講 講 講

謝

Tip
★ '감사하다'는 感謝(かんしゃ)する라고 표현합니다. 그런데 사과할 때에도 같은 한자를 써서 謝(あやま)る라고 표현한다는 점이 재미있죠. 또한 あやまる에는 '오해하다'라는 의미도 있는데 이 때에는 한자를 바꾸어 '誤(あやま)る'라고 씁니다.

사례할 사

부수 : 言

음 しゃ

感謝(かんしゃ) 감사　謝恩(しゃおん) 사은　謝礼(しゃれい) 사례

훈 あやまる

謝(あやま)る 사과하다

深く感謝します。 깊이 감사합니다.

謝ってください。 사과해 주세요.

謝 謝 謝 謝 謝 謝 謝 謝 謝 謝 謝 謝 謝 謝 謝 謝 謝

績

길쌈 적

부수 : 糸

음 せき

業績(ぎょうせき) 업적　功績(こうせき) 공적　実績(じっせき) 실적

彼の実績は高く評価されています。

그의 실적은 높게 평가 받고 있습니다.

績 績 績 績 績 績 績 績 績 績 績 績 績 績 績 績 績

166

18획

額

이마 액

부수 : 頁

음 がく

額面(がくめん) 액면　金額(きんがく) 금액　小額(しょうがく) 소액

全額(ぜんがく) 전액　総額(そうがく) 총액

훈 ひたい

額(ひたい) 이마

総額1億円に上ります。 총액 1억엔에 달합니다.

額が広いです。 이마가 넓습니다.

額 額 額 額 額 額 額 額 額 額 額 額 額 額 額 額

職

음 しょく

職業(しょくぎょう) 직업　就職(しゅうしょく) 취직

職場(しょくば) 직장

직분 직

부수 : 耳

しゅうしょく　　　　　　　　しんぱい
就職ができなくて心配しています。

취직이 안 되어서 걱정하고 있습니다.

一 ｆ ｆ ｆ ｆ 耳 耳 耵 耵 耵 聄 聬 聬 聬 職 職 職

織

음 しょく／しき

紡織(ぼうしょく) 방직　組織(そしき) 조직

훈 おる

織(お)る 짜다

짤 직

부수 : 糸

ぼうしょくこうじょう　　はたら
紡織工場で働いています。　방직공장에서 일하고 있습니다.

　　　　　　お　　　　　　　　たか
シルクで織ったワイシャツは高いです。　실크로 짠 와이셔츠는 비쌉니다.

ｊ ｌ ｌ 幺 幺 糸 糸 糸 紆 紆 絆 紵 紵 絲 織 織 織

19획

識

음 しき

意識(いしき) 의식　学識(がくしき) 학식　認識(にんしき) 인식

面識(めんしき) 면식

알 식

부수 : 言

ただ　　にんしき
正しく認識してください。　올바르게 인식해 주세요.

、 ニ ニ 言 言 言 言 訡 訡 詥 詥 謣 諳 諳 識 識 識

Tip

★ 識(しき)의 한자와 구분해서 기억해야 할 한자로 '組織(そしき) 조직'의 織, '職業(しょくぎょう) 직업'의 職 가 있습니다. 부수가 다 르니 확실히 구분해서 익혀 두세요.

護

도울 호

부수 : 言

음 ご

介護(かいご) 개호　警護(けいご) 경호　守護(しゅご) 수호

保護(ほご) 보호

けいご がっか　しんせつ
警護学科が新設されました。

경호학과가 신설되었습니다.

護 護 護 護 護 護 護 護 護 護 護 護 護 護 護 護 護 護 護 護

6학년이 배우는 한자

181자

24과

3~5 획

干 방패 간	己 몸 기	亡 망할 망	寸 마디 촌	収 거둘 수
仁 어질 인	尺 자 척	片 조각 편	幼 어릴 유	冊 책 책
処 곳 처	庁 관청 청	穴 굴 혈		

방패 간

부수 : 干

음 かん

若干(じゃっかん) 약간 干渉(かんしょう) 간섭

훈 ほす／ひる

干(ほ)す 말리다 干(ひ)る 마르다

干渉(かんしょう)しないでください。 간섭하지 마세요.

洗濯物(せんたくもの)を干(ほ)します。 세탁물을 말립니다.

一 二 干

음 こ／き

　自己(じこ) 자기　知己(ちき) 지기

훈 おのれ

　己(おのれ) 자기 자신

몸 기

부수 : 己

自己管理をしてください。 자기관리를 해주세요.

己の本分　자기 자신의 본분

`⊃ ⊐ 己`

음 ぼう／もう

　死亡(しぼう) 사망　亡国(ぼうこく) 망국　亡命(ぼうめい) 망명

　亡者(もうじゃ) 망자

훈 ない

　亡(な)い 죽고 없다

망할 망

부수 : 亠

ロシアの人がドイツに亡命しました。 러시아 사람이 독일로 망명했습니다.

父は亡くなりました。 아버지는 돌아가셨습니다.

`丶 亠 亡`

음 すん

　一寸(いっすん) 한 치　寸刻(すんこく) 촌각　寸法(すんぽう) 치수

마디 촌

부수 : 寸

寸刻を争っています。 촌각을 다투고 있습니다.

`一 十 寸`

収

거둘 수

부수 : 又
정자 : 收

음 しゅう

回収(かいしゅう) 회수　収穫(しゅうかく) 수확

収入(しゅうにゅう) 수입

훈 おさめる／おさまる

収(おさ)める 거두다, 얻다　収(おさ)まる 수습되다

思ったより収入が少ないです。 생각보다 수입이 적습니다.

商売で大きな利益を収めました。 장사로 큰 이익을 얻었습니다.

丨 丬 収 収

仁

어질 인

부수 : 亻

음 じん／に

仁愛(じんあい) 인애, 자애　仁術(じんじゅつ) 인술

仁王(におう) 인왕(불교)

仁術で病気を治します。 인술로 병을 고칩니다.

ノ 亻 仁 仁

尺

자 척

부수 : 尸

음 しゃく

尺度(しゃくど) 척도　縮尺(しゅくしゃく) 축척

尺地(しゃくち) 척지

훈 さし

尺(さし) 자

縮尺10万分の一の地図です。 축척 10만 분의 1의 지도입니다.

フ コ 尸 尺

172

片

조각 편

부수 : 片

음 へん

片雲(へんうん) 편운, 한 조각의 구름   木片(もくへん) 목편

断片(だんぺん) 단편

훈 かた

片想(かたおも)い 짝사랑   片仮名(かたかな) 가타카나

内容(ないよう)が断片的(だんぺんてき)です。 내용이 단편적입니다.

片想(かたおも)いは悲(かな)しいです。 짝사랑은 슬픕니다.

丿 丿゛ 广 片

Tip
★ 한자 '片'이 쓰인 '断片(だんぺん) 단편'은 '조각, 토막'이라는 의미입니다. '短篇(たんぺん) 단편 소설'과 뜻을 혼동하지 않도록 주의해서 기억하세요.

5획

幼

어릴 유

부수 : 幺

음 よう

幼児(ようじ) 유아   幼稚園(ようちえん) 유치원

훈 おさない

幼(おさな)い 어리다

幼稚園(ようちえん)で教(おし)えています。 유치원에서 가르치고 있습니다.

幼(おさな)いときに日本(にほん)へ行(い)ったことがあります。 어릴 때에 일본에 가본 적이 있습니다.

幼 幺 幺 幻 幼

冊

책 책

부수 : 冂

음 さつ／さく

一冊(いっさつ) 한 권

冊立(さくりつ) 책립(칙명에 따라 왕세자·왕비를 봉함)

本(ほん)を二冊(にさつ)買(か)いました。 책을 두 권 샀습니다.

Tip
★ 冊(さつ)는 우리말로는 '책'이란 뜻이지만 일본어에서는 책이란 뜻으로는 사용되지 않고 책을 세는 조수사로 쓰입니다. '一冊(いっさつ) 한 권, 二冊(にさつ) 두 권…'등과 같이 말합니다.

丨 冂 冂 冊 冊

処

곳 처

부수 : 几
정자 : 處

음 しょ

出処(しゅっしょ) 출처　処女(しょじょ) 처녀　処罰(しょばつ) 처벌

処分(しょぶん) 처분

훈 ところ

処(ところ) 곳

出処を教えてください。 출처를 가르쳐 주세요.

ここは前に来た所です。 이곳은 전에 왔던 곳입니다.

ノ ク 夂 処 処

庁

관청 청

부수 : 广
정자 : 廳

음 ちょう

県庁(けんちょう) 현청　都庁(とちょう) 도청(도쿄)

道庁(どうちょう) 도청(홋카이도)　府庁(ふちょう) 부청

庁舎(ちょうしゃ) 청사

北海道の道庁は札幌にあります。 홋카이도의 도청은 삿포로에 있습니다.

丶 亠 广 庁 庁

穴

굴 혈

부수 : 穴

음 けつ

経穴(けいけつ) 경혈　墓穴(ぼけつ) 묘혈, 무덤 (＝はかあな)

훈 あな

穴(あな) 구멍

墓穴を掘っています。 무덤을 파고 있습니다.

壁に穴があきました。 벽에 구멍이 생겼습니다.

丶 宀 宀 穴 穴

6 획

机 책상 궤   宇 집 우   危 위태할 위   存 있을 존   至 이를 지
宅 집 택   后 임금/왕후 후   灰 재 회   吸 마실 흡

机

책상 궤

부수 : 木

음 き

机上(きじょう) 책상 위, 탁상

机下(きか) 궤하, 좌하(편지에서 상대 이름 밑에 붙이는 존경어)

훈 つくえ

机(つくえ) 책상

机上の空論にすぎません。 탁상공론에 지나지 않습니다.

机の上にあります。 책상 위에 있습니다.

一 十 才 木 机 机

宇

집 우

부수 : 宀

음 う

宇宙(うちゅう) 우주

- -

<ruby>宇宙<rt>う ちゅう</rt></ruby>を<ruby>開発<rt>かいはつ</rt></ruby>しています。 우주를 개발하고 있습니다.

宀 宀 宀 宇 宇

危

위태할 위

부수 : 卩

음 き

危機(きき) 위기　危害(きがい) 위해　危険(きけん) 위험

훈 あぶ**ない**／あや**うい**／あや**ぶむ**

危(あぶ)ない 위험하다　危(あや)うい 위태롭다

危(あや)ぶむ (실현을) 의심하다

- -

<ruby>危険<rt>き けん</rt></ruby>な<ruby>仕事<rt>し ごと</rt></ruby>をしています。 위험한 일을 하고 있습니다.

<ruby>飲酒運転<rt>いんしゅうんてん</rt></ruby>は<ruby>危<rt>あぶ</rt></ruby>ないです。 음주운전은 위험합니다.

危 危 危 危 危 危

存

있을 존

부수 : 子

음 そん／ぞん

既存(きそん) 기존　共存(きょうぞん) 공존　存在(そんざい) 존재

保存(ほぞん) 보존

- -

<ruby>既存<rt>き そん</rt></ruby>のやり<ruby>方<rt>かた</rt></ruby>でやってください。 기존의 방법으로 해 주세요.

一 ナ 才 存 存 存

至

이를 지

부수 : 至

음 し

至急(しきゅう) 지급(매우 급함)　至上(しじょう) 지상

必至(ひっし) 필지(반드시 그렇게 됨)

훈 いたる

至(いた)る 이르다, 도달하다

至急お願いします。 지급으로 부탁합니다.

山の頂上に至りました。 산 정상에 도달했습니다.

一 ㄱ ㅜ 圣 至 至

宅

집 택

부수 : 宀

음 たく

私宅(したく) 사택　住宅(じゅうたく) 주택　宅地(たくち) 택지

宅配便(たくはいびん) 택배편　邸宅(ていたく) 저택

住宅問題が深刻です。 주택문제가 심각합니다.

丶 宀 宀 宅 宅 宅

后

임금 / 왕후 후

부수 : 口

음 こう／ごう

王后(おうこう) 왕후　皇后(こうごう) 황후

훈 きさき

后(きさき) 황후, 왕후

皇后になりました。 황후가 되었습니다.

まるで后のような衣装です。 마치 황후 같은 의상입니다.

一 ㄷ ㄷ ㄷ 后 后 后

음 かい

石灰(せっかい) 석회　石灰岩(せっかいがん) 석회암

훈 はい

灰皿(はいざら) 재떨이

재 회

부수 : 火

山^{やま}から石灰岩^{せっかいがん}が出^でました。 산에서 석회암이 나왔습니다.

灰皿^{はいざら}を取^とってください。 재떨이를 집어 주세요.

一 厂 厂 厌 灰 灰

음 きゅう

呼吸(こきゅう) 호흡　吸引力(きゅういんりょく) 흡입력

吸収(きゅうしゅう) 흡수

훈 すう

吸(す)う 피우다, 마시다

마실 흡

부수 : 口

呼吸困難^{こきゅうこんなん}で死亡^{しぼう}しました。 호흡곤란으로 사망했습니다.

たばこを吸^すっています。 담배를 피우고 있습니다.

丨 冂 口 口 吖 吸 吸

7 획

系 이어맬 계	困 곤할 곤	卵 알 란	乱 어지러울 란	忘 잊을 망
否 아닐 부	批 비평할 비	私 사사 사	我 나 아	孝 효도 효

179

음 けい

系列(けいれつ) 계열 直系(ちょっけい) 직계

이어맬 계

부수 : 系

けいれつ　ちが
系列が違います。 계열이 다릅니다.

Tip
★ 系(けい)와 糸(いと)는 비슷해서 주의하지 않으면 혼동하기 쉽습니다.

一 乍 五 产 至 系 系

困 곤할 곤

음 こん

貧困(ひんこん) 빈곤　困難(こんなん) 곤란

훈 こまる

困(こま)る 곤란하다

부수 : 口

ひんこん　　かいほう
貧困から解放されました。 빈곤으로부터 해방되었습니다.

せいかつ　　こま
生活に困っています。 생활에 어려움을 겪고 있습니다.

一 冂 冃 用 困 困 困 困

卵 알 란

음 らん

鶏卵(けいらん) 계란, 달걀　受精卵(じゅせいらん) 수정란

卵巣(らんそう) 난소

훈 たまご

生卵(なまたまご) 날계란

부수 : 卩

じゅせいらん　たまご　　　　　　う
受精卵の卵からひよこが生まれました。 수정란의 알에서 병아리가 태어났습니다.

たまご　　わ
卵を割りました。 달걀을 깼습니다.

卵 𠂉 𠂉 卯 卵 卵 卵

乱 어지러울 란

음 らん

乱暴(らんぼう) 동란　反乱(はんらん) 반란

乱闘(らんとう) 난투　乱立(らんりつ) 난립

훈 みだれる／みだす

乱(みだ)れる 흐트러지다　乱(みだ)す 어지럽히다, 흩트리다

부수 : 乙

정자 : 亂

ぐんじん　　はんらん　　お
軍人の反乱が起こりました。 군인의 반란이 일어났습니다.

かみ　みだ
髪が乱れました。 머리카락이 흐트러졌습니다.

乚 乱 千 千 舌 舌 乱

음 ぼう

健忘症(けんぼうしょう) 건망증　忘年会(ぼうねんかい) 망년회

忘恩(ぼうおん) 망은　忘却(ぼうきゃく) 망각

훈 わすれる

忘(わす)れる 잊다

잇을 망

부수 : 心

健忘症(けんぼうしょう)がひどくなりました。 건망증이 심해졌습니다.

いい想(おも)い出(で)を忘(わす)れないでください。 좋은 추억을 잊지 마세요.

忘　亡　亡　产　忘　忘　忘

음 ひ

否定(ひてい) 부정　否認(ひにん) 부인

훈 いな

否(いな)めない 부정할 수 없다, 거절할 수 없다

아닐 부

부수 : 口

否定(ひてい)できません。 부정할 수 없습니다.

これは否(いな)めない事実(じじつ)です。 이것은 부정할 수 없는 사실입니다.

一　ア　不　不　否　否　否

음 ひ

批准(ひじゅん) 비준　批評(ひひょう) 비평　批判(ひはん) 비판

비평할 비

부수 : 手

批判(ひはん)を浴(あ)びています。 비판을 받고 있습니다.

一　十　扌　扌　批　批　批

음 し

公私(こうし) 공사　私服(しふく) 사복　私費(しひ) 사비

私立(しりつ) 사립

훈 わたし／わたくし

私(わたし／わたくし) 저/나

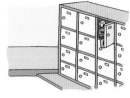

사사 사

부수 : 禾

しりつだいがく　がくひ　たか
私立大学は学費が高いです。 사립대학은 학비가 비쌉니다.

わたくし　がくせい
私は学生です。 저는 학생입니다.

ノ 二 千 千 禾 禾 私 私

음 が

我慢(がまん) 참음　自我(じが) 자아　彼我(ひが) 피아, 저와 나

훈 われ／わ

我々(われわれ) 우리　我(わ)が家(や) 우리 집

나 아

부수 : 戈

が まん
我慢できません。 참을 수 없습니다.

われわれ　たんいつみんぞく
我々は単一民族です。 우리는 단일민족입니다.

ノ 二 千 手 我 我 我

음 こう

孝行(こうこう) 효행　孝子(こうし) 효자　孝女(こうじょ) 효녀

忠孝(ちゅうこう) 충효　不孝(ふこう) 불효

효도 효

부수 : 子

おや ふ こう
親不孝をしないでください。 불효를 하지 마세요.

一 十 土 耂 考 孝 孝

Tip

★ 孝(こう)와 考(こ
う)는 동음이의어인데
다가 모양도 혼동하기
쉽습니다. 주의하세요.

8획

刻 새길 각	届 이를/신고할 계	供 이바지할 공	担 멜 담	枚 낱 매
拝 절 배	並 나란히 병	宝 보배 보	垂 드리울 수	若 같을 약/반야 야
乳 젖 유	延 늘일 연	沿 물따라갈/따를 연	宗 마루 종	宙 집 주
忠 충성 충	拡 넓힐 확	呼 부를 호		

183

刻

음 こく

時刻(じこく) 시각　深刻(しんこく) 심각　遅刻(ちこく) 지각

彫刻(ちょうこく) 조각　定刻(ていこく) 정각

훈 きざむ

刻(きざ)む 새기다

새길 각

부수 : りっとう

授業(じゅぎょう)に遅刻(ちこく)しました。 수업에 지각했습니다.

名前(なまえ)を刻(きざ)んでいます。 이름을 새기고 있습니다.

丶 亠 亥 亥 亥 亥 刻 刻

届

Tip
★ 일반적으로 音読(おんよ)미가 있지만, 訓読(くんよ)미가 없는 경우는 있는데, 届는 반대로 音読(おんよ)미가 없는 독특한 한자입니다.

훈 とどく／とどける

届(とど)く 닿다, 도달하다　届(とど)ける 보내다, 닿게 하다

이를／
신고할 계

부수 : 尸

정자 : 届

手紙が届きました。 편지가 왔습니다.

ㄱ　ㄱ　尸　尸　尸　屈　屈　届

供

음 きょう／く

供給(きょうきゅう) 공급　供述(きょうじゅつ) 진술

提供(ていきょう) 제공　供養(くよう) 공양

훈 そなえる／とも

供(そな)える 신불에게 올리다　供(とも) 수행원　子供(こども) 아이

이바지할 공

부수 : 亻

食糧の供給を受けています。 식량 공급을 받고 있습니다.
仏前に花を供えました。 불전에 꽃을 바쳤습니다.

供　供　亻　伫　供　供　供　供

担

음 たん

担当(たんとう) 담당　担任(たんにん) 담임　負担(ふたん) 부담

分担(ぶんたん) 분담

훈 かつぐ／になう

担(かつ)ぐ 메다　担(にな)う 짊어지다

멜 담

부수 : 扌

정자 : 擔

英語を担当しています。 영어를 담당하고 있습니다.
国を担う若者です。 나라를 짊어질 젊은이입니다.

担　扌　扌　扣　担　担　担　担

枚

낱 매

부수 : 木

一枚(いちまい) 한 장　何枚(なんまい) 몇 장　枚数(まいすう) 매수

まいすう かぞ
枚数を数えてください。 매수(장수)를 세 주세요.

一 十 才 才 杉 枚 枚 枚

拜

절 배

부수 : 手
정자 : 拜

음 はい

参拝(さんぱい) 참배　崇拝(すうはい) 숭배　礼拝(れいはい) 예배

훈 おがむ

拝(おが)む 절하다, 빌다

185

さんぱい
参拝してきました。 참배하고 왔습니다.
ほとけ おが
仏を拝みました。 부처님에게 합장 배례했습니다.

一 十 扌 扌 扩 拝 拝 拝

並

나란히 병

부수 : 一
정자 : 竝

음 へい

並行(へいこう) 병행　並列(へいれつ) 병렬

훈 なみ／ならべる／ならぶ／ならびに

人並(ひとな)み 남들과 같은 정도　並(なら)べる (일렬로) 늘어놓다

並(なら)ぶ 나란히 서다　並(なら)びに 및, 또

へいれつ なら
並列に並べてください。 병렬로 나열해 주세요.
ひとな せいかつ
人並みの生活をしています。 남들만큼의 생활을 하고 있습니다.

丷 丷 丷 丷 亣 並 並 並

宝

보배 보

부수 : 宀

정자 : 寶

음 ほう

家宝(かほう) 가보　国宝(こくほう) 국보　宝石(ほうせき) 보석

훈 たから

宝(たから) 보물　宝島(たからじま) 보물섬

息子はうちの家宝です。 아들은 우리 가보입니다.

宝を探しています。 보물을 찾고 있습니다.

ノ ウ 宀 宀 宔 宇 宝 宝

垂

드리울 수

부수 : 土

음 すい

垂直(すいちょく) 수직　懸垂(けんすい) 현수, 매달림, 턱걸이

훈 たれる／たらす

垂(た)れる 늘어지다　垂(た)らす 늘어뜨리다

棒を地面に垂直に立てます。 막대를 지면에 수직으로 세웁니다.

よだれを垂らさないでください。 침 흘리지 말아 주세요.

ノ ニ 三 チ チ 岙 垂 垂

若

같을 약 /
반야 야

부수 : 艹

정자 : 若

음 じゃく／にゃく

若輩(じゃくはい) 젊은이　若年(じゃくねん) 약년, 나이가 젊음

老若(ろうにゃく／ろうじゃく) 노약

훈 わかい／もしくは

若(わか)い 젊다　若(も)しくは 혹은, 또는

老若男女誰でもできます。 남녀노소 누구든지 할 수 있습니다.

まだ年が若いです。 아직 나이가 젊습니다.

一 十 艹 艹 芓 若 若 若

음 にゅう

牛乳(ぎゅうにゅう) 우유　母乳(ぼにゅう) 모유

乳癌(にゅうがん) 유방암　乳牛(にゅうぎゅう) 젖소

훈 ちち／ち

乳(ちち) 젖　乳首(ちくび) 젖꼭지

젖 유

부수 : 乙

毎朝(まいあさ)、牛乳(ぎゅうにゅう)を飲(の)んでいます。 매일 아침 우유를 마시고 있습니다.

赤(あか)ちゃんが乳(ちち)を飲(の)んでいます。 아기가 젖을 먹고 있습니다.

⺊ ⺊ ⺊ ⺊ ⺊ 乎 乎 乳

음 えん

延期(えんき) 연기　延長(えんちょう) 연장　延命(えんめい) 연명

훈 のびる／のべる／のばす

延(の)びる 길어지다, 연장되다　延(の)べる 늘이다, 연기하다

延(の)ばす 길게 하다, 연장시키다

늘일 연

부수 : 廴

延長戦(えんちょうせん)で勝(か)ちました。 연장전에서 이겼습니다.

平均寿命(へいきんじゅみょう)が延(の)びています。 평균수명이 길어지고 있습니다.

⺊ ⺊ 千 正 正 延 延

음 えん

沿海(えんかい) 연해　沿岸(えんがん) 연안　沿線(えんせん) 연선

훈 そう

沿(そ)う 따르다

물따라갈 /
따를 연

부수 : 氵

沿岸地域(えんかいちいき)の経済発展(けいざいはってん)が目覚(めざ)ましいです。 연안 지역의 경제 발전이 눈부십니다.

河(かわ)に沿(そ)って歩(ある)いて行(い)きました。 강을 따라서 걸어갔습니다.

⺀ ⺀ 氵 氵 沪 沿 沿 沿

宗

마루 종

부수 : 宀

Tip
★ '宗 마루 종'에서 '마
루'는 '산이나 지붕 등
의 길게 등성이가 진
곳'을 뜻합니다.

음 しゅう／そう

宗教(しゅうきょう) 종교　宗派(しゅうは) 종파

宗家(そうけ) 종가

宗教は自由です。 종교는 자유입니다.

宗 宗 宗 宗 宇 宇 宗 宗

宙

집 주

부수 : 宀

188

음 ちゅう

宇宙(うちゅう) 우주　宇宙人(うちゅうじん) 우주인

宇宙船(うちゅうせん) 우주선

宇宙船に乗って宇宙旅行をしたいです。

우주선을 타고 우주여행을 하고 싶습니다.

宙 宙 宀 宀 宀 宙 宙 宙

忠

충성 충

부수 : 心

음 ちゅう

忠実(ちゅうじつ) 충실　忠誠(ちゅうせい) 충성

不忠(ふちゅう) 불충

会社に忠誠を尽しています。

회사에 충성을 다하고 있습니다.

忠 忠 忠 忠 忠 忠 忠 忠

음 かく

拡大(かくだい) 확대　拡充(かくじゅう) 확충

拡張(かくちょう) 확장

넓힐 확

부수 : 手

정자 : 擴

かくちょうこうじ　おく
拡張工事が遅れています。 확장공사가 늦어지고 있습니다.

一 十 扌 扩 扩 扩 拡 拡

음 こ

歓呼(かんこ) 환호　呼吸(こきゅう) 호흡　呼応(こおう) 호응

呼称(こしょう) 호칭

훈 よぶ

呼(よ)ぶ 부르다　呼(よ)び出(だ)し 호출

부를 호

부수 : 口

こ しょう　しょうりゃく
呼称は省略します。 호칭은 생략하겠습니다.

おお　　こえ　よ
大きな声で呼んでください。 큰 소리로 불러 주세요.

丶 口 口 口 口 口 呼 呼

189

Tip

★ 訓読(くんよ)み의
예제 단어 중 '呼(よ)
び出(だ)し 호출'을 잘
기억해 두세요. '呼(よ)
び出(だ)し電話(でん
わ) 호출 전화, 呼(よ)
び出(だ)し状(じょ
う) 호출장(소환장)' 등
에 쓰입니다.

9 획

看 볼 간	巻 책 권	段 층계 단	背 등 배	律 법칙 률
砂 모래 사	宣 베풀 선	城 재 성	洗 씻을 세	染 물들 염
映 비칠 영	姿 모양 자	専 오로지 전	奏 아뢸 주	泉 샘 천
派 갈래 파	肺 허파 폐	革 가죽 혁	紅 붉을 홍	皇 임금 황

190

看

볼 간

부수 : 目

음 かん

看護婦(かんごふ) 간호사   看破(かんぱ) 간파   看病(かんびょう) 간병

かんじゃ　かんびょう
患者を看病しています。 환자를 간병하고 있습니다.

一 二 三 手 手 看 看 看 看

巻

음 かん

巻頭(かんとう) 책머리

훈 まき／まく

巻(まき) 두루마리, 감은 것　巻(ま)く 감다, 말다

책 권

부수 : 己

정자 : 卷

世界選手権(せかいせんしゅけん)を席巻(せっけん)しました。 세계선수권을 석권했습니다.

犬(いぬ)はしっぽを巻(ま)いて逃(に)げました。 개는 꼬리를 내리고(말고) 도망쳤습니다.

丶 丷 䒑 乊 兰 关 关 巻 巻

段

음 だん

階段(かいだん) 계단　段階(だんかい) 단계　段落(だんらく) 단락

分段(ぶんだん) 분단

층계 단

부수 : 殳

階段(かいだん)から降(お)りてきます。 계단에서 내려옵니다.

′ 亻 𠂆 ⺻ 丰 ⾅ 𣪊 段 段

背

음 はい

背信(はいしん) 배신　背景(はいけい) 배경　背泳(はいえい) 배영

훈 せ／せい／そむく／そむける

背(せ／せい) 키, 등　背中(せなか) 등　背順(せいじゅん) 키순

背(そむ)く 등지다　背(そむ)ける 외면하다

등 배

부수 : 月

湖(みずうみ)を背景(はいけい)にして写真(しゃしん)を撮(と)りました。 호수를 배경으로 사진을 찍었습니다.

母(はは)の背中(せなか)を叩(たた)きました。 어머니 등을 두들겼습니다.

丨 𠂇 ⺘ 扌 北 北 背 背 背

음 りつ／りち

規律(きりつ) 규율　法律(ほうりつ) 법률

律令(りつりょう) 율령　律儀(りちぎ) 의리를 중히 여김

법칙 률

부수: 彳

規律が厳しいです。 규율이 엄합니다.

律律律律律律律律

음 さ／しゃ

砂金(さきん／しゃきん) 사금　土砂(どしゃ) 백사, 흰 모래

훈 すな

砂(すな) 모래　砂場(すなば) 모래밭

砂遊(すなあそ)び 모래 장난

모래 사

부수: 石

砂金を採って売ります。 사금을 채취해서 팝니다.

砂場で砂遊びをしました。 모래밭에서 모래 장난을 했습니다.

砂砂砂砂砂砂砂砂砂

음 せん

宣言(せんげん) 선언　宣伝(せんでん) 선전

훈 のべる

宣(の)べる 서술하다, 진술하다

베풀 선

부수: 宀

アジア大会の開幕を宣言します。 아시아대회 개막을 선언합니다.

宣宣宣宣宣宣宣宣宣

城

재 성

부수 : 土

음 じょう

城郭(じょうかく) 성곽　城内(じょうない) 성내

城壁(じょうへき) 성벽

훈 しろ

城(しろ) 성　城跡(しろあと) 성지, 성터

城壁(じょうへき)によじ登(のぼ)りました。 성벽을 기어 올랐습니다.

城(しろ)を築(きず)いています。 성을 쌓고 있습니다.

一 十 圡 坩 圹 坊 城 城 城

洗

씻을 세

부수 : 氵

음 せん

水洗(すいせん) 수세(물로 씻음)　洗濯(せんたく) 세탁

훈 あらう

洗(あら)う 씻다

今日(きょう)は天気(てんき)がいいので洗濯(せんたく)をします。

오늘은 날씨가 좋아서 세탁을 합니다.

洗 洗 氵 氵 氵 汁 汁 洗 洗 洗

染

물들 염

부수 : 木

음 せん

汚染(おせん) 오염　感染(かんせん) 감염　伝染(でんせん) 전염

훈 そめる／そまる／しみる／しみ

染(そ)める 염색하다　染(そ)まる 물들다

染(し)みる 스며들다, 물들다　染(し)み 얼룩

汚染(おせん)された水(みず)は飲(の)みません。 오염된 물은 마시지 않습니다.

髪(かみ)を染(そ)めました。 머리를 염색했습니다.

氵 氵 氵 氵 氵 洗 染 染 染

映

비칠 영

부수 : 日
정자 : 暎

Tip
★ 映(うつ)る는 '비
치다'라는 뜻으로 사용
되는데 이와 같은 음으
로 다른 뜻으로 사용되
는 동사로는 '写(うつ)
る (사진이) 찍히다, 移
(うつ)る 이동하다' 등
이 있습니다.

음 えい

映画(えいが) 영화　上映(じょうえい) 상영　反映(はんえい) 반영

훈 うつる／うつす／はえる

映(うつ)る 비치다, 상영하다　映(うつ)す 비치게 하다

映(は)える 빛나다, 돋보이다

日本の映画が上映されています。 일본 영화가 상영되고 있습니다.

テレビがよく映っています。 텔레비전이 잘 나오고 있습니다.

｜ 冂 日 日 旷 旷 映 映

姿

모양 자

부수 : 女

음 し

姿勢(しせい) 자세　姿態(したい) 자태

훈 すがた

姿絵(すがたえ) 초상화

正しい姿勢で読書をします。 바른 자세로 독서를 합니다.

姿を隠しています。 모습을 감추고 있습니다.

丶 冫 氵 次 次 次 姿 姿

専

오로지 전

부수 : 寸
정자 : 專

음 せん

専業(せんぎょう) 전업　専攻(せんこう) 전공　専売(せんばい) 전매

専門(せんもん) 전문

훈 もっぱら

専(もっぱ)ら 오로지, 한결같이

専攻は英語です。 전공은 영어입니다.

専ら日本語の勉強ばかりしています。 오로지 일본어 공부만 하고 있습니다.

一 ㄱ ㄸ 甫 甫 甫 専 専 専

奏

아뢸 주

부수 : 大

음 そう

奏楽(そうがく) 주악　演奏(えんそう) 연주　伴奏(ばんそう) 반주

훈 かなでる

奏(かな)でる 연주하다

ギターで歌の伴奏をしています。 기타로 노래 반주를 하고 있습니다.

音楽を奏でています。 음악을 연주하고 있습니다.

一　二　三　声　夫　夫　表　表　奏　奏

泉

샘 천

부수 : 木

음 せん

温泉(おんせん) 온천　源泉(げんせん) 원천　泉水(せんすい) 샘물

훈 いずみ

泉(いずみ) 샘, 샘물

至るところに温泉があります。 도처에 온천이 있습니다.

あの川はこの泉から始まります。 저 강은 이 샘에서 시작됩니다.

丶　亇　白　白　白　身　泉　泉

派

갈래 파

부수 : 氵

정자 : 派

음 は

特派員(とくはいん) 특파원　派遣(はけん) 파견

派出所(はしゅつしょ) 파출소　派閥(はばつ) 파벌

派兵(はへい) 파병

特派員として派遣されました。 특파원으로서 파견되었습니다.

丶　亠　氵　沪　汇　沪　派　派　派

肺

허파 폐

부수 : 月

음 はい

肺炎(はいえん) 폐렴　肺癌(はいがん) 폐암

肺癌の手術を受けました。 폐암 수술을 받았습니다.
はいがん　しゅじゅつ　う

丿 刀 刀 肝 肝 肺 肺 肺 肺 肺

革

가죽 혁

부수 : 革

음 かく

改革(かいかく) 개혁　革新(かくしん) 혁신　皮革(ひかく) 피혁

変革(へんかく) 변혁

훈 かわ

革靴(かわぐつ) 가죽구두

意識改革をしなければなりません。 의식개혁을 하지 않으면 안 됩니다.
いしきかいかく

皮の手袋を作る工場です。 가죽 장갑을 만드는 공장입니다.
かわ　てぶくろ　つく　こうじょう

一 十 廿 廿 廿 昔 昔 苣 革

紅

붉을 홍

부수 : 糸

음 こう／く

紅顔(こうがん) 홍안　紅茶(こうちゃ) 홍차　紅葉(こうよう) 단풍

真紅(しんく) 진홍

훈 べに／くれない

口紅(くちべに) 입술 연지　紅(くれない) 다홍

紅茶を飲んでください。 홍차를 드세요.
こうちゃ　の

口紅をつけました。 입술 연지를 칠했습니다.
くちべに

丶 幺 幺 糸 糸 糽 糽 紅 紅

음 こう／おう

皇位(こうい) 황위   皇后(こうごう) 황후   皇室(こうしつ) 황실

皇帝(こうてい) 황제   皇女(おうじょ／みこ) 황제의 딸/황제의 자녀

임금 황

부수 : 白

皇后になって皇室に入りました。 황후가 되어 황실로 들어갔습니다.

丿 丨 门 白 白 白 皀 皇 皇

10 획

降 내릴 강/항복할 항	骨 뼈 골	納 바칠 납	黨 무리 당	朗 밝을 랑
班 나눌 반	俳 배우 배	秘 숨길 비	射 쏠 사	純 순수할 순
蚕 누에 잠	将 장수 장	展 펼 전	除 덜 제	従 좇을 종
座 자리 좌	株 그루 주	値 값 치	針 바늘 침	討 칠 토
陛 대궐섬돌 폐	胸 가슴 흉			

降

내릴 강 /
항복할 항
부수 : 阝

음 こう

下降(かこう) 하강　降水量(こうすいりょう) 강수량

降伏(こうふく) 항복　投降(とうこう) 투항

훈 おりる／おろす／ふる

降(お)りる 내리다　降(お)ろす 내리게 하다　降(ふ)る (비가) 내리다

降水量(こうすいりょう)が少(すく)ないです。 강수량이 적습니다.

バスを降(お)りています。 버스에서 내리고 있습니다.

`` ` ` ` 阝 阝 阝 降 降 降 降 降

骨

뼈 골

부수 : 骨

음 こつ

骨髄(こつずい) 골수　納骨(のうこつ) 납골

骨格(こっかく) 골격　骨董品(こっとうひん) 골동품

훈 ほね

骨(ほね) 뼈　骨折(ほねお)り 노력, 수고

骨董品を集めています。 골동품을 모으고 있습니다.

骨が外れました。 뼈가 빠졌습니다.

丨 冂 冂 円 円 骨 骨 骨 骨 骨

納

바칠 납

부수 : 糸

음 のう／なっ／な／なん／とう

納入(のうにゅう) 납입　納得(なっとく) 납득

納屋(なや) 헛간, 곳간　納戸(なんど) 헛방　出納(すいとう) 출납

훈 おさめる

納(おさ)める 납입하다, 납부하다

納得できる説明をしてください。 납득할 수 있는 설명을 해 주세요.

税金を納めました。 세금을 납부했습니다.

乙 幺 幺 幺 糸 糸 糸 納 納 納

党

무리 당

부수 : 儿

정자 : 黨

음 とう

政党(せいとう) 정당　党員(とういん) 당원　党派(とうは) 당파

党務(とうむ) 당무　野党(やとう) 야당　与党(よとう) 여당

政党に加入しました。 정당에 가입했습니다.

丨 丷 丷 尚 尚 尚 尚 尚 党 党

Tip

★ 党(とう)도 訓読(くんよ)미는 없으며 音読(おんよ)미로만 읽습니다. '自民党(じみんとう) 자민당', '民社党(みんしゃとう) 민사당', '共産党(きょうさんとう) 공산당' 등의 한자음도 참고로 알아 두세요.

朗

밝을 랑

부수 : 月
정자 : 朗

음 ろう

晴朗(せいろう) 청량(기분이 맑고 명랑함)　明朗(めいろう) 명랑

朗読(ろうどく) 낭독　朗朗(ろうろう) 낭랑

훈 ほがらか

朗(ほが)らかだ 명랑하다, 쾌활하다

詩を朗読しています。 시를 낭독하고 있습니다.

彼は朗らかな性格です。 그는 명랑한 성격입니다.

朗 ゝ ゝ ゛ 良 良 朗 朗 朗 朗

Tip
★ 朗(ろう)와 郎(ろう)는 닮은꼴을 하고 있지만 전자는 '성격'을 나타내는 한자에 사용되고 후자는 '남자이름'에 많이 사용되는 한자입니다. 예를 들면 '健太郎(けんたろう), 昭太郎(しょうたろう), 喜太郎(きたろう)'등이 있는데, 이 한자가 들어간 이름은 남자이름이라고 봐도 됩니다.

200

班

나눌 반

부수 : 王

음 はん

班(はん) 반

班長(はんちょう) 반장

班長に任命されました。 반장에 임명되었습니다.

班 刂 玎 玎 玎 班 班 班 班 班

俳

배우 배

부수 : 人

음 はい

俳優(はいゆう) 배우　俳徊(はいかい) 배회

俳句(はいく) 일본의 17절 시

有名な俳優になりたいです。 유명한 배우가 되고 싶습니다.

俳 ノ イ 亻 作 乍 乍 伊 俳 俳 俳

秘

숨길 비

부수 : 禾

음 ひ

秘訣(ひけつ) 비결　秘蔵(ひぞう) 비장　秘密(ひみつ) 비밀

훈 ひめる

秘(ひ)める 숨기다

秘密文書を隠しています。 비밀문서를 숨기고 있습니다.

子供は無限の可能性を秘めています。 아이는 무한한 가능성을 숨기고 있습니다.

一 二 千 千 禾 禾 秒 秋 秋 秘

射

쏠 사

부수 : 寸

음 しゃ

射撃(しゃげき) 사격　射殺(しゃさつ) 사살　発射(はっしゃ) 발사

放射(ほうしゃ) 방사

훈 いる

射(い)る (활을) 쏘다, (쏘아서) 맞추다

射撃の選手になりたいです。 사격선수가 되고 싶습니다.

矢を射ました。 활을 쏘았습니다.

丶 亻 刀 刀 月 身 身 射 射

Tip

★ 射(しゃ)는 感謝(かんしゃ)의 謝(しゃ)와 음이 같고 모양이 비슷하니 주의해서 익혀 두세요.

純

순수할 순

부수 : 糸

음 じゅん

単純(たんじゅん) 단순　純粋(じゅんすい) 순수

純白(じゅんぱく) 순박　清純(せいじゅん) 청순

単純な考えです。 단순한 생각입니다.

丶 幺 幺 幺 糸 糸 紉 純 純

蚕

누에 잠

부수 : 虫
정자 : 蠶

음 さん

蚕業(さんぎょう) 양잠업　蚕食(さんしょく) 잠식

養蚕(ようさん) 양잠

훈 かいこ

蚕(かいこ) 누에, 집누에

かれ ようさんぎょう
彼は養蚕業をしています。 그는 양잠업을 하고 있습니다.
いなか　かいこ　か
田舎で蚕を飼っています。 시골에서 누에를 치고 있습니다.

一 ニ 于 天 天 吞 吞 蚕 蚕 蚕

将

장수 장

부수 : 寸
정자 : 將

음 しょう

主将(しゅしょう) 주장　将軍(しょうぐん) 장군

名将(めいしょう) 명장　将棋(しょうぎ) 장기

しゅしょう　せきにん
主将には責任があります。

주장에게는 책임이 있습니다.

丶 ノ 丬 丬 丬 丬 护 将 将

展

펼 전

부수 : 尸

음 てん

展開(てんかい) 전개　展示会(てんじかい) 전시회

展覧会(てんらんかい) 전람회　展望(てんぼう) 전망

発展(はってん) 발전

しゃしん　てんじかい　ひら
写真の展示会が開かれました。 사진전시회가 열렸습니다.

フ ユ 尸 尸 尸 屈 屈 展 展 展

除

덜 제

부수 : 阝

음 じょ／じ

解除(かいじょ) 해제　除外(じょがい) 제외　除名(じょめい) 제명

除草(じょそう) 제초　掃除(そうじ) 청소

훈 のぞく

除(のぞ)く 제외하다

チームの組織(そしき)から除名(じょめい)されました。 팀 조직으로부터 제명되었습니다.

一部(いちぶ)を除(のぞ)いてください。 일부를 제외해 주세요.

`´ ３ 阝 阝 阾 阾 险 除 除`

従

좇을 종

부수 : 彳

정자 : 從

음 じゅう／しょう／じゅ

従業員(じゅうぎょういん) 종업원　従順(じゅうじゅん) 순종, 고분고분함

服従(ふくじゅう) 복종　従容(しょうよう) 종용　従(じゅ) 일본 벼슬의 하나

훈 したがう／したがえる

従(したが)う 따르다　従(したが)える 따르게 하다

彼(かれ)はとても従順(じゅうじゅん)です。 그는 매우 고분고분합니다.

老(お)いては子(こ)に従(したが)え。 늙어서는 자식을 따르라.

`´ ´ ´ 彳 彳 彳' 彳'' 犲 袢 従 従`

座

자리 좌

부수 : 广

음 ざ

玉座(ぎょくざ) 옥좌　座席(ざせき) 좌석　座談会(ざだんかい) 좌담회

훈 すわる

座(すわ)る 앉다

座席(ざせき)が空(あ)いています。 좌석이 비어 있습니다.

椅子(いす)に座(すわ)ります。 의자에 앉습니다.

`` ` 一 广 广 广 广 応 応 座 座`

株

グ루 주

부수 : 木

| 훈 | かぶ |

株式(かぶしき) 주식　株主(かぶぬし) 주주

株が値上がりしました。 주식이 인상되었습니다.
（かぶ　ね　あ）

株 十 木 术 朴 杵 栌 杵 株 株

値

값 치

부수 : イ

| 음 | ち |

価値(かち) 가치　数値(すうち) 수치　値打(ねう)ち 값어치

| 훈 | ね／あたい |

値段(ねだん) 값, 가격　値(あたい)する ～할 가치가 있다, ～할 만하다

数値を合わせてください。 수치를 맞추어 주세요.
（すうち　あ）
この絵は値段が高いです。 이 그림은 값이 비쌉니다.
（え　ねだん　たか）

値 値 値 値 値 値 値 値 値

針

바늘 침

부수 : 金

| 음 | しん |

針灸(しんきゅう) 침구　針葉樹(しんようじゅ) 침엽수

方針(ほうしん) 방침

| 훈 | はり |

針(はり) 바늘, 침　針金(はりがね) 철사

そろそろ方針を決めましょう。 슬슬 방침을 정합시다.
（ほうしん　き）
時計の針が止まりました。 시계바늘이 멈췄습니다.
（とけい　はり　と）

針 針 針 針 金 金 針 金 金 針

討

칠 토

부수 : 言

음 とう

検討(けんとう) 검토　討議(とうぎ) 토의　討伐(とうばつ) 토벌

討論(とうろん) 토론

훈 うつ

討(う)つ 쓰러뜨리다, 베다

ご検討（けんとう）ください。 검토해 주세요.

敵（てき）を討（う）ちました。 적을 격멸했습니다.

`丶 亠 亠 言 言 言 言 言 訂 討`

陛

대궐섬돌 폐

부수 : 阝

음 へい

陛下(へいか) 폐하

女王（じょおう）陛下（へいか）が呼（よ）んでいます。 여왕폐하가 부르고 있습니다.

`丂 了 阝 阝 阼 阼 阽 陛 陛 陛`

胸

가슴 흉

부수 : 月

음 きょう

胸囲(きょうい) 흉위　度胸(どきょう) 담력, 배짱

훈 むね／むな

胸(むね) 가슴, 흉부　胸騒(むなさわ)ぎ 가슴이 두근거림

度胸（どきょう）のある男（おとこ）です。 배짱 있는 남자입니다.

胸（むね）に毛（け）が生（は）えています。 가슴에 털이 나 있습니다.

`丿 刀 月 月 肑 肑 肑 胸 胸 胸`

11획

脳 골/뇌수 뇌	密 빽빽할 밀	訪 찾을 방	捨 버릴 사	盛 성할 성
視 볼 시	域 지경 역	訳 번역할 역	欲 하고자할 욕	郵 우편 우
異 다를 이	翌 다음날 익	著 나타날 저	頂 정수리 정	済 건널 제
探 찾을 탐	窓 창 창	推 밀 추	閉 닫을 폐	郷 시골 향

脳

골 / 뇌수 뇌

부수 : 月

정자 : 腦

음 のう

頭脳(ずのう) 두뇌　大脳(だいのう) 대뇌　小脳(しょうのう) 소뇌

脳震盪(のうしんとう) 뇌진탕

世界の頭脳が集まりました。 세계의 두뇌가 모였습니다.
せかい　ずのう　あつ

丿 月 月 月 𦝠 𦝰 𦝲 𦝼 脳 脳 脳

密

빽빽할 밀

부수 : 宀

음 みつ

厳密(げんみつ) 엄밀　密林(みつりん) 밀림　綿密(めんみつ) 면밀

密室(みっしつ) 밀실　密着(みっちゃく) 밀착　密閉(みっぺい) 밀폐

훈 ひそか

密(ひそ)か 몰래 가만히

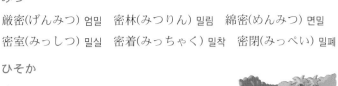

もう少し密着してください。 좀 더 밀착해 주세요.

帰りが遅くて密かに入っていきました。

귀가가 늦어서 몰래 들어갔습니다.

　丶　宀　宀　宀　宓　宓　宓　宓　密　密

訪

찾을 방

부수 : 言

음 ほう

探訪(たんぼう) 탐방　訪問(ほうもん) 방문　来訪(らいほう) 내방

훈 おとずれる／たずねる

訪(おとず)れる 방문하다, 찾아오다　訪(たず)ねる 방문하다

一度、訪問してください。 한번 방문해 주세요.

暖かい春が訪れてきました。 따뜻한 봄이 찾아왔습니다.

　丶　亠　亖　亖　言　言　言　訪　訪　訪　訪

捨

버릴 사

부수 : 手

정자 : 捨

음 しゃ

取捨(しゅしゃ) 취사, 쓸 것은 취하고 쓸모없는 것은 버림.

훈 すてる

捨(す)快速 버리다

インターネットでは情報の取捨選択が大切です。

인터넷에서는 정보의 취사 선택이 중요합니다.

ゴミを捨てないでください。 쓰레기를 버리지 마세요.

　一　十　扌　扌　扩　扵　抡　捨　捨　捨

盛

성할 성

부수 : 皿

せい／じょう

盛況(せいきょう) 성황　繁盛(はんじょう) 번성

もる／さかる／さかん

盛(も)る 높이 쌓아 올리다　盛(さか)る 번창하다

盛(さか)ん 번성함, 한창임

しょうばい　　はんじょう
商売が繁盛しました。 장사가 번성했습니다.

ちゃわん　　はん　も
茶碗にご飯を盛ります。 밥공기에 밥을 수북하게 담습니다.

丿 厂 厂 氏 成 成 成 成 盛 盛 盛 盛

視

볼 시

부수 : 見
정자 : 視

し

遠視(えんし) 원시　近視(きんし) 근시　視覚(しかく) 시각

視力(しりょく) 시력

さいきん　　こども　　　　しりょく　わる
最近の子供たちは視力が悪いです。 요즘 애들은 시력이 나쁩니다.

視 ⺍ 礻 礻 礻 視 視 視 視 視 視

域

지경 역

부수 : 土

いき

区域(くいき) 구역　全域(ぜんいき) 전역

地域(ちいき) 지역

ち いきてき　ひん ぷ　さ　おお
地域的に貧富の差が大きいです。

지역적으로 빈부의 차가 큽니다.

一 十 土 圹 圹 垆 坷 域 域 域 域

訳

번역할 역

부수 : 言
정자 : 譯

음 やく

意訳(いやく) 의역　誤訳(ごやく) 오역　通訳(つうやく) 통역

翻訳(ほんやく) 번역

훈 わけ

言(い)い訳(わけ) 변명, 해명

つうやく　しごと
通訳の仕事をしています。 통역 일을 하고 있습니다.

わけ　わ
訳が分かりません。 이유를 모르겠습니다.

訳 訳 訳 訳 訳 訳 訳 訳 訳 訳 訳

欲

하고자할 욕

부수 : 欠

음 よく

意欲(いよく) 의욕　食欲(しょくよく) 식욕　欲求(よっきゅう) 욕구

欲望(よくぼう) 욕망

훈 ほっする／ほしい

欲(ほっ)する 바라다, 원하다　欲(ほ)しい 바라다, 원하다

209

からだ　ちょうし　わる　　　しょくよく
体の調子が悪くて、食欲がありません。 몸 상태가 좋지 않아서 식욕이 없습니다.

くるま　ほ
車が欲しいです。 자동차를 갖고 싶습니다.

欲 欲 欲 欲 欲 欲 欲 欲 欲 欲 欲

Tip

★ 欲(よく)와 浴(よく)는 우리말 음독도 같고 일본어 음독도 같아서 혼동하기 쉬운 동음이의어입니다. 뜻의 차이를 구분하여 익혀 두세요.

郵

우편 우

부수 : 阝
정자 : 郵

음 ゆう

郵便局(ゆうびんきょく) 우체국　郵政省(ゆうせいしょう) 우정성

郵送(ゆうそう) 우송

ゆうびんぶつ　ゆうそう
郵便物を郵送しました。 우편물을 우송했습니다.

郵 郵 郵 郵 郵 郵 郵 郵 郵 郵 郵

異

다를 이

부수 : 田

음 い

異国(いこく) 이국　異性(いせい) 이성　異変(いへん) 이변

差異(さい) 차이

훈 こと

異(こと)なる 다르다

異国のような風景です。 이국 같은 풍경입니다.

人間は動物とは異なる点があります。 인간은 동물과는 다른 점이 있습니다.

丶 口 田 田 田 巴 甲 甼 畢 畢 異 異

翌

다음날 익

부수 : 羽

음 よく

翌朝(よくあさ) 다음날 아침　翌日(よくじつ) 익일, 다음날

翌日は休みです。 다음날은 휴일입니다.

フ コ ヨ ヨ ヨ' ヨヨ ヨヨ ヨヨ 翌 翌 翌 翌

著

나타날 저

부수 : ⺿
정자 : 著

음 ちょ

顕著(けんちょ) 현저　著作(ちょさく) 저작　著者(ちょしゃ) 저자

名著(めいちょ) 명저

훈 あらわす／いちじるしい

著(あらわ)す 저술하다　著(いちじる)しい 현저하다

著作権は著者にあります。 저작권은 저자에게 있습니다.

成績が著しく向上されました。 성적이 현저하게 향상되었습니다.

一 艹 艹 艹 莱 莱 芓 苤 著 著 著

頂

음 ちょう

頂上(ちょうじょう) 정상　山頂(さんちょう) 산정

絶頂(ぜっちょう) 절정

훈 いただく／いただき

頂(いただ)く 받다　頂(いただ)き 꼭대기, 정상

정수리 정

부수 : 頁

山の頂上に雪が積もっています。 산 정상에 눈이 쌓여 있습니다.

連絡を頂きました。 연락을 받았습니다.

一　丁　丁　丁　丁　頂　頂　頂　頂　頂　頂

済

음 さい

救済(きゅうさい) 구제　返済(へんさい) 반제　未済(みさい) 미제

훈 すむ／すます

済(す)む 끝나다　済(す)ます 끝내다

건널 제

부수 : 氵

정자 : 濟

211

借金を返済しました。 빚을 갚았습니다.

仕事を済しました。 일을 마쳤습니다.

済　済　氵　氵　氵　沪　済　済　済　済　済

探

음 たん

探求(たんきゅう) 탐구　探検(たんけん) 탐험　探索(たんさく) 탐색

훈 さがす／さぐる

探(さが)す 찾다　探(さぐ)る 더듬어 찾다, 탐색하다

찾을 탐

부수 : 手

未知の国を探検します。 미지의 나라를 탐험합니다.

手でポケットの中を探っています。 손으로 주머니 안을 뒤지고 있습니다.

探　十　扌　扌　扌　扌　探　探　探　探

Tip

★ 探(さぐ)る와 探(さが)す는 한자의 모양이 비슷하여 혼동하기 쉬운데, 전자는 '더듬어 찾다'란 뜻이고 후자는 '사물을 찾다'란 뜻입니다.

창 창

부수 : 穴

음 そう

同窓(どうそう) 동창　窓外(そうがい) 창밖　車窓(しゃそう) 차창

훈 まど

窓口(まどぐち) 창구

車窓の外をながめています。 차창 밖을 바라보고 있습니다.

窓を開けてください。 창문을 열어 주세요.

窓 窓 宀 空 空 穷 空 空 窓 窓 窓

밀 추

부수 : 手

음 すい

推移(すいい) 추이　推進(すいしん) 추진　推薦(すいせん) 추천

推測(すいそく) 추측　推量(すいりょう) 추량

훈 おす

推(お)す 밀다

推薦書を書いてください。 추천서를 써 주세요.

委員会の会長に推します。 위원회의 회장으로 밀겠습니다.

推 扌 扌 扩 扩 扩 拍 推 推 推

닫을 폐

부수 : 門

음 へい

開閉(かいへい) 개폐　閉鎖(へいさ) 폐쇄

閉門(へいもん) 폐문　密閉(みっぺい) 밀폐

훈 とじる／とざす／しめる／しまる

閉(と)じる 닫히다, (눈을) 감다　閉(と)ざす 잠그다, 닫다

閉(し)める 닫다　閉(し)まる 닫히다

工場が閉鎖されました。 공장이 폐쇄되었습니다.

目を閉じてください。 눈을 감아 주세요.

| 冂 冂 冂 冂 門 門 門 門 閉 閉

212

음 きょう／ごう

帰郷(ききょう) 귀향　他郷(たきょう) 타향

郷(ごう) 군(郡)의 한 구역, 시골, 지방

시골 향

부수 : 阝

정자 : 郷

_{なつやす}　　　　_{き きょう}
夏休みに帰郷します。 여름 휴가(방학) 때에 귀향합니다.

⺃ ⺃ 幺 幺 幺 幺 郷 郷 郷 郷 郷

12 획

貴 귀할 귀	**敬** 공경 경	**勤** 부지런할 근	**筋** 힘줄 근	**晩** 늦을 만
補 기울 보	**棒** 막대 봉	**詞** 말/글 사	**善** 착할 선	**裝** 꾸밀 장
裁 옷마를 재	**尊** 높을 존	**衆** 무리 중	**創** 비롯할 창	**策** 꾀 책
就 나아갈 취	**痛** 아플 통	**割** 벨 할	**揮** 휘두를 휘	

214

貴

귀할 귀

부수 : 貝

음 き

貴下(きか) 귀하　貴金属(ききんぞく) 귀금속

貴人(きじん) 귀인　貴重(きちょう) 귀중

훈 たっとい／たっとぶ／とうとい／とうとぶ

貴(たっと)い 귀중하다(=とうとい)

貴(とうと)ぶ 존중하다, 존경하다(=とうとぶ)

かれ　　　　　　　　　　　　きちょう　そんざい
彼はうちのチームの貴重な存在です。 그는 우리 팀의 귀중한 존재입니다.
たっと　　で あ
貴い出会いでした。 소중한 만남이었습니다.

丶 口 口 中 虫 虫 虫 青 青 青 貴 貴

敬

공경 경

부수 : 攵
정자 : 敬

음 けい

敬愛(けいあい) 경애　敬礼(けいれい) 경례　敬老(けいろう) 경로

尊敬(そんけい) 존경

훈 うやまう

敬(うやま)う 공경하다

敬礼で挨拶をしました。 경례로 인사를 했습니다.

敬う心を見せてください。 존경하는 마음을 보여 주세요.

一 一 十 艹 艹 艻 芍 芍 苟 苟 苟 苟 敬 敬

勤

부지런할 근

부수 : 力
정자 : 勤

음 きん／ごん

勤勉(きんべん) 근면　勤務(きんむ) 근무　出勤(しゅっきん) 출근

通勤(つうきん) 통근　勤行(ごんぎょう) 근행(불교 용어)

훈 つとめる／つとまる

勤(つと)める 근무하다　勤(つと)まる 직무를 감당해 내다

明日から出勤します。 내일부터 출근하겠습니다.

勤めていた会社を辞めました。 근무하고 있던 회사를 그만 두었습니다.

一 一 十 艹 艹 芐 芑 莒 苣 苣 堇 堇 勤 勤

筋

힘줄 근

부수 : 竹

음 きん

筋肉(きんにく) 근육　鉄筋(てっきん) 철근　腹筋(ふっきん) 복근

훈 すじ

筋(すじ) 줄거리　血筋(ちすじ) 핏줄

トレーニングのおかげで筋肉がつきました。 운동한 덕에 근육이 붙었습니다.

映画の筋がおもしろいです。 영화 줄거리가 재미있습니다.

丿 一 十 什 竹 竹 笁 笁 笁 筋 筋 筋

음 ばん

今晩(こんばん) 오늘 밤　毎晩(まいばん) 매일 밤

晩飯(ばんめし) 저녁밥

늦을 만

부수 : 日

정자 : 晩

まいばん　おそ　ね
毎晩、遅く寝ます。 매일 밤, 늦게 잡니다.

晩 ⺆ 晩 日 晩 晩 晩 晩 晩 晩 晩 晩

음 ほ

候補(こうほ) 후보　補修(ほしゅう) 보수　補充(ほじゅう) 보충

補助(ほじょ) 보조　補聴器(ほちょうき) 보청기

훈 おぎなう

補(おぎな)う 보충하다

기울 보

부수 : 衣

ほじゅうじゅぎょう
補充授業をしています。 보충수업을 하고 있습니다.
せつめい　おぎな
説明を補ってください。 설명을 보충해 주세요.

補 ⺍ 補 補 補 補 補 補 補 補 補 補

음 ぼう

棍棒(こんぼう) 곤봉　鉄棒(てつぼう) 철봉

훈 ささげる

捧(ささ)げる 바치다, 받들다

막대 봉

부수 : 木

てつぼう　あそ
鉄棒で遊んでいます。 철봉으로 놀고 있습니다.
かれ　しょうがい　がくもん　ささ
彼は生涯を学問に捧げました。 그는 생애를 학문에 바쳤습니다.

棒 ⼁ 棒 棒 棒 棒 棒 棒 棒 棒 棒 棒 棒

詞

말/글 사

부수 : 言

음 し

形容詞(けいようし) 형용사　助詞(じょし) 조사　動詞(どうし) 동사

副詞(ふくし) 부사　品詞(ひんし) 품사　名詞(めいし) 명사

歌詞(かし) 가사　作詞(さくし) 작사

日本語(にほんご)は動詞(どうし)が重要(じゅうよう)です。 일본어는 동사가 중요합니다.

`丶　亠　言　言　言　言　訂　訶　訶　詞　詞`

善

착할 선

부수 : 口

음 ぜん

改善(かいぜん) 개선　偽善(ぎぜん) 위선　慈善(じぜん) 자선

親善(しんぜん) 친선　善人(ぜんにん) 선인　善導(ぜんどう) 선도

훈 よい

善(よ)い 착하다

環境(かんきょう)を改善(かいぜん)しました。 환경을 개선했습니다.

善(よ)い行(おこな)いをしましょう。 선행을 합시다.

`丶　ソ　ソ　ゾ　ゾ　羊　羊　盖　盖　盖　善　善`

Tip

★ 訓読(くんよ)み로 善(よ)い라고 읽으면 '착하다'란 의미인데, 같은 음의 '良(よ)い 좋다'와 혼동하지 않도록 하세요.

装

꾸밀 장

부수 : 衣

정자 : 裝

음 そう／しょう

装置(そうち) 장치　新装(しんそう) 신장　装備(そうび) 장비

衣装(いしょう) 의상

훈 よそおう

装(よそお)う 치장하다, 가장하다

新装開店(しんそうかいてん)で忙(いそが)しいです。 신장개업으로 바쁩니다.

社長(しゃちょう)が客(きゃく)を装(よそお)って店(みせ)に現(あらわ)れました。 사장이 손님을 가장해서 가게에 나타났습니다.

`丶　ソ　ブ　壮　壮　壮　柴　华　芲　芲　装　装`

裁

옷마를 재

부수 : 衣

음 さい

決裁(けっさい) 결재　裁断(さいだん) 재단　裁縫(さいほう) 재봉

裁判所(さいばんしょ) 재판소　裁判官(さいばんかん) 재판관

훈 たつ／さばく

裁(た)つ 재단하다, 마름질하다　裁(さば)く 재판하다

裁判(さいばん)を行(おこ)なっています。 재판을 진행하고 있습니다.

罪人(ざいにん)を裁(さば)いています。 죄인을 재판하고 있습니다.

一 十 士 丰 丰 坴 坴 坴 亲 亲 裁 裁 裁

尊

높을 존

부수 : 寸
정자 : 尊

음 そん

自尊(じそん) 자존　尊敬(そんけい) 존경　尊重(そんちょう) 존중

훈 たっとい／たっとぶ／とうとい／とうとぶ

尊(たっと)い 소중하다(=とうとい)

尊(たっと)ぶ 공경하다, 존경하다(=とうとぶ)

父(ちち)を尊敬(そんけい)します。 아버지를 존경합니다.

日本旅行(にほんりょこう)は尊(とうと)い体験(たいけん)でした。 일본여행은 소중한 체험이었습니다.

丶 丷 丷 丷 芇 芇 酋 酋 酋 酋 尊 尊

218

衆

무리 중

부수 : 血

음 しゅう／しゅ

公衆(こうしゅう) 공중　大衆(たいしゅう) 대중

民衆(みんしゅう) 민중

合衆国(がっしゅうこく) 합중국

衆生(しゅじょう) 중생

この辺(へん)に公衆電話(こうしゅうでんわ)はありますか。

이 근처에 공중전화는 있습니까?

丿 亻 凸 血 血 血 血 衆 衆 衆 衆

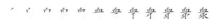

음 そう

創刊(そうかん) 창간　創始(そうし) 창시　創設(そうせつ) 창설

創立(そうりつ) 창립　独創(どくそう) 독창

비롯할 창

부수 : 刂

ざっし　そうかんごう　で
雑誌の創刊号が出ました。

잡지 창간호가 나왔습니다.

ノ ㇏ ㇏ 今 今 今 㐌 㐌 倉 倉 剳 創

음 さく

政策(せいさく) 정책　対策(たいさく) 대책

꾀 책

부수 : 竹

かいかくせいさく　と
改革政策を取っています。 개혁정책을 취하고 있습니다.

ノ ㇏ ㇏ 竹 竹 竹 竺 竺 笞 笞 筮 策

음 しゅう／じゅ

就業(しゅうぎょう) 취업　就職(しゅうしょく) 취직

就任(しゅうにん) 취임　成就(じょうじゅ) 성취

훈 つく／つける

就(つ)く 취업하다, 종사하다　就(つ)ける (자리, 지위 등에) 앉히다

나아갈 취

부수 : 尢

だいがく　そつぎょう　しゅうしょく
大学を卒業して就職しました。 대학을 졸업하고 취직을 했습니다.

かいちょう　ざ　つ
会長の座に就きました。 회장 자리에 올랐습니다.

ヽ ㇐ ㇗ 亠 古 亨 京 京 就 就 就 就

痛

아플 통

부수 : 疒

음 つう

胃痛(いつう) 위통　苦痛(くつう) 고통　歯痛(しつう) 치통

頭痛(ずつう) 두통　悲痛(ひつう) 비통

훈 いたい／いたむ／いためる

痛(いた)い 아프다　痛(いた)む 아프다

痛(いた)める 아프게 하다, 다치다, 상하다

歯痛(しつう)が酷(ひど)いです。 치통이 심합니다.

胸(むね)が痛(いた)いほど悲(かな)しいです。 가슴이 아플 정도로 슬픕니다.

痛 疒 广 广 扩 疒 疒 疗 病 病 痛 痛

割

벨 할

부수 : 刂

음 かつ

分割(ぶんかつ) 분할　割腹(かっぷく) 할복

훈 わる／わり／われる／さく

割(わ)る 나누다, 쪼개다　割(わ)り 할　割(わ)れる 깨지다, 부서지다

割(さ)く 찢다, 가르다

分割払(ぶんかつばら)いで買(か)いました。 분할지불로 샀습니다.

割(わ)り勘(かん)にします。 따로따로 지불하겠습니다.

割 宀 宀 宀 宀 害 害 害 害 害 割

揮

휘두룰 휘

부수 : 扌

음 き

揮毫(きごう) 휘호　指揮(しき) 지휘　発揮(はっき) 발휘

実力(じつりょく)を発揮(はっき)しました。 실력을 발휘했습니다.

一 十 扌 扌 扌 打 扩 担 担 担 揮

13획

暖 따뜻할 난	**傷** 다칠 상	**絹** 비단 견	**裏** 속 리	**幕** 장막 막
盟 맹세 맹	**腹** 배 복	**署** 마을/관청 서	**聖** 성인 성	**誠** 정성 성
源 근원 원	**賃** 품삯 임	**蒸** 찔 증		

221

暖

따뜻할 난

부수 : 日

음 だん

温暖(おんだん) 온난   暖房(だんぼう) 난방   暖炉(だんろ) 난로

훈 あたたか／あたたかい／あたためる／あたたまる

暖(あたた)か 따뜻함   暖(あたた)かい 따뜻하다

暖(あたた)める 데우다, 덥히다   暖(あたた)まる 훈훈해지다

暖房を設置しています。 난방을 설치하고 있습니다.

だんだん暖かくなりました。 점점 따뜻해졌습니다.

丨 冂 冂 日 日'日''日''日''日'' 昭 暖 暖 暖

傷

다칠 상

부수 : 亻

음 しょう

傷害(しょうがい) 상해　傷心(しょうしん) 상심

打撲傷(だぼくしょう) 타박상　負傷者(ふしょうしゃ) 부상자

훈 きず／いたむ／いためる

傷(きず) 상처　傷(いた)む 아프다

傷(いた)める 다치다, 상하다

しょうしん　　ともだち　　なぐさ
傷心した友達を慰めました。 상심한 친구를 달랬습니다.

こころ　きず　ふか
心の傷が深いです。 마음의 상처가 깊습니다.

ノ　イ　イ　宀　作　作　作　作　俜　停　傷　傷　傷

絹

비단 견

부수 : 糸

음 けん

絹布(けんぷ) 견포, 비단　純絹(じゅんけん) 순견　本絹(ほんけん) 본견

훈 きぬ

絹(きぬ) 비단, 견직물　絹糸(きぬいと) 견사

けん ぷ　　つく　　　　き もの
これは絹布で作った着物です。 견포로 만든 기모노입니다.

きぬ
絹でできたワイシャツです。 비단으로 만든 와이셔츠입니다.

ㄥ　ㄠ　ㄠ　彳　糸　糸　糸　紂　紒　紹　絹　絹　絹

裏

속 리

부수 : 衣

음 り

脳裏(のうり) 뇌리　裏面(りめん) 이면

훈 うら

裏口(うらぐち) 뒷문, 부정한 수단　裏地(うらじ) (옷의) 안감

り めん　　　き にゅう
裏面にも記入しました。 이면에도 기입했습니다.

うらぐち　　　で い
こっそりと裏口から出て行きました。 슬쩍 뒷문으로 빠져 나갔습니다.

亠　亠　宀　宀　宁　亩　重　重　重　寠　裏　裏

음 まく／ばく

開幕(かいまく) 개막　序幕(じょまく) 서막　除幕(じょまく) 제막

天幕(てんまく) 천막　幕間(まくあい) 막간　閉幕(へいまく) 폐막

幕府(ばくふ) 막부

장막 막

부수 : 巾

かいまくしき にゅうじょうけん か
開幕式の入場券を買いました。개막식 입장권을 샀습니다.

一　十　艹　艹　艿　芦　苜　莒　草　莫　莫　幕　幕

음 めい

加盟(かめい) 가맹　血盟(けつめい) 혈맹　同盟(どうめい) 동맹

連盟(れんめい) 연맹

맹세 맹

부수 : 皿

か めいこく だんけつ
加盟国が団結しました。가맹국이 단결했습니다.

丿　冂　日　日　日　明　明　明　明　明　明　盟　盟

음 ふく

異腹(いふく) 이복　空腹(くうふく) 공복　腹痛(ふくつう) 복통

満腹(まんぷく) 만복

훈 はら

腹(はら) 배, 복부　太(ふと)っ腹(ぱら) 배짱이 큼

배 복

부수 : 月

くうふく うご
空腹で動くことができません。공복이라 움직일 수 없습니다.

はら へ
腹が減りました。배가 고팠습니다.

丿　月　月　月　肝　肹　肹　胪　胪　胪　腹　腹　腹

署

마을 / 관청 서

부수 : 罒

정자 : 署

음 しょ

消防署(しょうぼうしょ) 소방서　署長(しょちょう) 서장

部署(ぶしょ) 부서　署名(しょめい) 서명

消防署(しょうぼうしょ)の署長(しょちょう)になりました。 소방서의 서장이 되었습니다.

聖

성인 성

부수 : 耳

음 せい

聖人(せいじん) 성인　神聖(しんせい) 신성　聖火(せいか) 성화

聖母(せいぼ) 성모　聖歌(せいか) 성가

オリンピックの聖火(せいか)が燃(も)えています。

올림픽 성화가 타고 있습니다.

誠

정성 성

부수 : 言

음 せい

誠意(せいい) 성의　誠実(せいじつ) 성실　忠誠(ちゅうせい) 충성

훈 まこと

誠(まこと)に 참으로, 정말로

誠実(せいじつ)に勤(つと)めてください。 성실히 근무해 주세요.

誠(まこと)に立派(りっぱ)な方(かた)です。 참으로 훌륭한 분입니다.

Tip

★ 訓読(くんよ)み인 まこと는 '진실, 진심' 등을 나타내는 단어로, 한자로 나타낼 때는 誠(まこと), 真(まこと), 実(まこと) 등 여러 한자로 다르게 표기되기도 합니다.

源

근원 원

부수 : 氵

음 げん

源泉(げんせん) 원천　財源(ざいげん) 재원

훈 みなもと

源(みなもと) 기원, 근원

ざいげん　もんだい　かいけつ
財源の問題を解決してください。 재원의 문제를 해결해 주세요.
みず　せいめい　みなもと
水は生命の源です。 물은 생명의 근원입니다.

氵 氵 氵 氵 汀 汀 沪 沪 沪 沪 源 源 源 源

賃

품삯 임

부수 : 貝

음 ちん

運賃(うんちん) 운임　賃貸(ちんたい) 임대　家賃(やちん) 집세

や ちん　はら
家賃を払ってください。 집세를 지불해 주세요.

亻 亻 亻 仟 仟 任 任 侲 侲 賃 賃 賃 賃

蒸

찔 증

부수 : 艹

정자 : 蒸

음 じょう

水蒸気(すいじょうき) 수증기　蒸発(じょうはつ) 증발

훈 むす／むれる／むらす

蒸(む)す 찌다　蒸(む)れる 뜸들다　蒸(む)らす 뜸들이다

じょうはつ　ど すう　ひく
アルコールが蒸発して度数が低くなりました。
알콜이 증발해서 도수가 낮아졌습니다.
む　あつ　てん き
蒸し暑い天気です。 푹푹 찌는 날씨입니다.

一 艹 艹 艹 艹 茡 茡 茏 菜 菜 蒸 蒸 蒸

14획

閣 집 각	穀 곡식 곡	模 본뜰 모	暮 저물 모	誤 그르칠 오
疑 의심할 의	認 알 인	磁 자석 자	障 막을 장	誌 기록할 지
層 층 층				

음 かく

閣僚(かくりょう) 각료　組閣(そかく) 조각　内閣(ないかく) 내각

집 각

부수 : 門

ないかく　かいさん
内閣を解散しました。 내각을 해산했습니다.

丨 丆 广 广 严 严 門 門 門 閃 閃 閣 閣 閣

음 こく

穀食(こくしょく) 곡식　穀倉(こくそう) 곡창　穀物(こくもつ) 곡물

雑穀(ざっこく) 잡곡

곡식 곡

부수 : 禾

정자 : 穀

そう こ　こくもつ
倉庫に穀物がいっぱいです。　창고에 곡물이 가득합니다.

一 十 土 吉 吉 吉 吉 幸 幸 素 素 穀 穀 穀

음 ぼ／も

規模(きぼ) 규모　模擬(もぎ) 모의　模造(もぞう) 모조

模範(もはん) 모범

본뜰 모

부수 : 木

おお　き ぼ　けんせつ
大きな規模で建設しています。　큰 규모로 건설하고 있습니다.

一 十 才 木 杧 杧 棤 椹 模 模

음 ぼ

歳暮(せいぼ) 세모, 연말

훈 くれる／くらす

暮(く)れる 저물다　暮(くら)す 살다, 살아가다

저물 모

부수 : 日

せい ぼ
お歳暮のセールをしています。　연말세일을 하고 있습니다.
ひ　く
日が暮れています。　날이 저물고 있습니다.

一 十 艹 芍 芍 苜 苜 莫 莫 莫 莫 暮 暮

誤

그르칠 오

부수 : 言
정자 : 誤

음 ご

正誤(せいご) 정오, 바로 고침　錯誤(さくご) 착오

훈 あやまり

誤(あやま)り 과오, 잘못

錯誤の末、完成しました。 착오끝에 완성했습니다.

私の誤りでした。 제 잘못이었습니다.

誤 誤 誤 誤 誤 誤 誤 誤 誤 誤 誤 誤 誤 誤

疑

의심할 의

부수 : 疋

음 ぎ

疑問詞(ぎもんし) 의문사　疑問文(ぎもんぶん) 의문문

疑惑(ぎわく) 의혹　質疑(しつぎ) 질의

훈 うたがう

疑(うたが)う 의심하다

あの事件は疑惑を残しています。 그 사건은 의혹을 남기고 있습니다.

人を疑ってはいけません。 사람을 의심해서는 안 됩니다.

疑 疑 疑 疑 疑 疑 疑 疑 疑 疑 疑 疑 疑 疑

認

알 인

부수 : 言
정자 : 認

음 にん

承認(しょうにん) 승인　是認(ぜにん) 시인　認識(にんしき) 인식

認定(にんてい) 인정　黙認(もくにん) 묵인

훈 みとめる

認(みと)める 인정하다

日本人は歴史認識が足りません。 일본인은 역사인식이 부족합니다.

社長に認められました。 사장에게 인정 받았습니다.

認 認 認 認 認 認 認 認 認 認 認 認 認 認

228

음 じ

磁器(じき) 자기　磁石(じしゃく) 자석　磁力(じりょく) 자기력

陶磁器(とうじき) 도자기

자석 자

부수 : 石

_{とう じ き　つく}
陶磁器を作っています。 도자기를 만들고 있습니다.

一　ブ　ゔ　石　石　石　矿　矿　矿　磁　磁　磁　磁　磁

음 しょう

障子(しょうじ) 장지　故障(こしょう) 고장　支障(ししょう) 지장

障壁(しょうへき) 장벽

훈 さわる

障(さわ)る 지장이 있다, 방해가 되다

막을 장

부수 : 阝

_{こ しょう　くるま しゅうり}
故障した車を修理しました。 고장난 차를 수리했습니다.
_{さけ からだ さわ}
お酒は体に障ります。 술은 몸에 지장이 있습니다.

フ　３　阝　阝`　阝″　阝″　阝″　陪　陪　陪　陪　障　障

음 し

雑誌(ざっし) 잡지　週刊誌(しゅうかんし) 주간지

日刊誌(にっかんし) 일간지　日誌(にっし) 일지

기록할 지

부수 : 言

_{よみうりしんぶん　にっかん し}
読売新聞は日刊誌です。 요미우리 신문은 일간지입니다.

`　`　゛　゛　言　言　言　計　計　計　誌　誌　誌

層

층 층

부수 : 尸
정자 : 層

음 そう

階層(かいそう) 계층　高層(こうそう) 고층　地層(ちそう) 지층

断層(だんそう) 단층

こうそう　　　　なら
高層ビルが並んでいます。

고층빌딩이 줄지어 있습니다.

ﾌ ﾌ 尸 尸 尸 尸 屄 層 層 層 層 層 層 層

230

34과

15~16획

論 논할 론	**蔵** 감출 장	**潮** 밀물/조수 조	**誕** 낳을/거짓 탄	**権** 권세 권
劇 심할 극	**熟** 익을 숙	**遺** 남길 유	**諸** 모두 제	**鋼** 강철 강
激 격할 격	**糖** 엿 당	**樹** 나무 수	**奮** 떨칠 분	**操** 잡을 조
縦 세로 종	**憲** 법 헌			

231

論

음 ろん

議論(ぎろん) 의논　空論(くうろん) 공론　論文(ろんぶん) 논문
論語(ろんご) 논어

논할 론

부수 : 言

論文に引用した文章です。 논문에 인용한 문장입니다.
ろんぶん　　　いんよう　　　ぶんしょう

丶 二 亠 言 言 言 言 診 論 論 論 論 論 論

蔵

음 ぞう

所蔵(しょぞう) 소장　土蔵(どぞう) 토장　埋蔵(まいぞう) 매장

훈 くら

蔵(くら) 곳간, 창고　酒蔵(さかぐら) 술 곳간

감출 장

부수 : 艹
정자 : 藏

Tip
★ 蔵(ぞう)가 쓰인 지명으로 武蔵野(むさしの)라는 독특한 지명이 있습니다. 참고로 알아두세요.

石油の埋蔵量を調べています。 석유 매장량을 조사하고 있습니다.

蔵の中に何もありません。 곳간 안에 아무것도 없습니다.

蔵 蔵 蔵 蔵 芦 芦 芦 芦 芦 芦 芦 蔵 蔵 蔵 蔵

潮

음 ちょう

潮流(ちょうりゅう) 조류　満潮(まんちょう) 만조

훈 しお

潮(しお) 조수　潮風(しおかぜ) 바닷바람, 갯바람

밀물 / 조수 조

부수 : 月

時代の潮流に乗ってください。 시대의 조류(흐름)를 타세요.

潮が引きました。 조수가 빠졌습니다.

潮 潮 潮 潮 潮 潮 潮 潮 潮 潮 潮 潮 潮 潮 潮

誕

음 たん

聖誕(せいたん) 성탄　誕生日(たんじょうび) 생일
誕辰(たんしん) 탄신

낳을 / 거짓 탄

부수 : 言

みんなで誕生日を祝っています。
모두 함께 생일을 축하하고 있습니다.

誕 誕 誕 誕 誕 誕 誕 誕 誕 誕 誕 誕 誕 誕

음 けん／ごん

権利(けんり) 권리　権力(けんりょく) 권력　主権(しゅけん) 주권

権化(ごんげ) 권화(불교용어)

권세 권

부수 : 木

정자 : 權

権力を利用しています。　권력을 이용하고 있습니다.

一 十 木 木 术 栌 栌 栌 栌 栌 栌 権 権 権

음 げき

演劇(えんげき) 연극　劇場(げきじょう) 극장

劇薬(げきやく) 극약

심할 극

부수 : 刂

劇場で演劇を演じています。
극장에서 연극을 하고 있습니다.

丨 卜 卢 广 卢 卢 虍 虏 虏 虏 虏 虏 劇

233

음 じゅく

熟語(じゅくご) 숙어　熟練工(じゅくれんこう) 숙련공

成熟(せいじゅく) 성숙　早熟(そうじゅく) 조숙　半熟(はんじゅく) 반숙

훈 うれる

熟(う)れる 익다

익을 숙

부수 : 灬

あの工場には熟練工が多いです。　저 공장에는 숙련공이 많습니다.

このなしはよく熟れています。　이 배는 잘 익었습니다.

丶 宀 宀 古 古 亨 亨 享 孰 孰 孰 熟 熟 熟

음 い／ゆい

遺産(いさん) 유산　遺跡(いせき) 유적　遺族(いぞく) 유족

遺言(ゆいごん) 유언

남길 유

부수 : 辶

遺言通りに財産を分けました。 유언대로 재산을 나누었습니다.

丶 口 口 中 虫 虫 書 書 書 書 貴 貴 遺 遺 遺

음 しょ

諸君(しょくん) 제군　諸般(しょはん) 제반, 여러 가지

모두 제

부수 : 言

정자 : 諸

学生諸君、頑張ってください。 학생 여러분, 분발하세요.

丶 亠 亠 言 言 言 言 計 計 許 諸 諸 諸 諸

16획

음 こう

鋼管(こうかん) 강관　鋼鉄(こうてつ) 강철　製鋼(せいこう) 제강

鉄鋼(てっこう) 철강

훈 はがね

鋼(はがね) 강철

강철 강

부수 : 金

この国の製鋼技術は有名です。 이 나라의 제강기술은 유명합니다.

この包丁は鋼でできています。 이 식칼은 강철로 되어 있습니다.

丿 𠂆 𠂊 上 午 牟 牟 金 金 釦 釦 釦 鋼 鋼 鋼 鋼

激

격할 격

부수 : 氵

음 げき

過激(かげき) 과격　激突(げきとつ) 격돌　激励(げきれい) 격려

激烈(げきれつ) 격렬

훈 はげしい

激(はげ)しい 격하다, 심하다

激励の言葉が力になりました。 격려의 말이 힘이 되었습니다.

激しく言い争っています。 격하게 말다툼하고 있습니다.

丶丶丬氵氵氵泹泹泹泹泹灣潯潯潯激激

糖

엿 당

부수 : 米

음 とう

砂糖(さとう) 설탕　製糖(せいとう) 제당

葡萄糖(ぶどうとう) 포도당

砂糖を入れてください。 설탕을 넣어 주세요.

丶丷丷二十キ半米米糒糒糒糒糖糖糖糖

樹

나무 수

부수 : 木

음 じゅ

果樹(かじゅ) 과수　樹木(じゅもく) 수목　樹立(じゅりつ) 수립

果樹園ですいかを買って来ました。 과수원에서 수박을 사 왔습니다.

一十才木木杧杧梏梏梏梏椪梋樹樹

떨칠 분

부수 : 大

음 ふん

興奮(こうふん) 흥분　奮起(ふんき) 분기　奮闘(ふんとう) 분투

훈 ふるう

奮(ふる)う 떨치다, 용기를 내다

こうふん
興奮しないでください。 흥분하지 마세요.

ふる　　　た　　む
奮って立ち向かいました。 용기를 내어 맞섰습니다.

一 ナ 六 本 本 本 本 本 奮 奮 奮 奮 奮 奮 奮

잡을 조

부수 : 手

음 そう

操縦士(そうじゅうし) 조종사　操作(そうさ) 조작

体操(たいそう) 체조　貞操(ていそう) 정조

훈 みさお／あやつる

操(みさお) 지조, 절조　操(あやつ)る 조종하다, 부리다

あたら　　きかい　そうさ
新しい機械を操作しています。 새로운 기계를 조작하고 있습니다.

ひこうき　あやつ
飛行機を操るパイロットです。 비행기를 조종하는 파일럿입니다.

操 扌 扌 扌 扩 扩 扩 扩 扩 押 押 押 押 操 操

세로 종

부수 : 糸
정자 : 縱

음 じゅう

縦横(じゅうおう) 종횡　縦断(じゅうだん) 종단

操縦士(そうじゅうし) 조종사　放縦(ほうじゅう) 방종

훈 たて

縦(たて) 세로　縦書(たてが)き 세로쓰기

ちち　しょくぎょう　そうじゅうし
父の職業は操縦士です。 아버지 직업은 조종사입니다.

くび　たて　ふ
首を縦に振りました。 고개를 끄덕였습니다.

' ㄥ ㄠ 幺 糸 糸 糸 紅 紅 紀 絆 絆 絆 縦 縦

음 けん

憲章(けんしょう) 헌장　憲法(けんぽう) 헌법

立憲(りっけん) 입헌

법헌

부수 : 心

憲法(けんぽう)に明記(めいき)されています。

헌법에 명기되어 있습니다.

丶宀宀宀宀宝宝宝宝宝害害害宪憲憲憲

35과

17~19획

覧 볼 람	**厳** 엄할 엄	**優** 넉넉할 우	**縮** 줄일 축
簡 대쪽/간략할 간	**難** 어려울 난	**臨** 임할 림	
警 깨우칠 경	**臓** 오장 장		

음 らん

観覧(かんらん) 관람　遊覧船(ゆうらんせん) 유람선

볼 람

부수 : 見
정자 : 覽

<ruby>未<rt>み</rt></ruby><ruby>成<rt>せい</rt></ruby><ruby>年<rt>ねん</rt></ruby><ruby>者<rt>しゃ</rt></ruby>は<ruby>観<rt>かん</rt></ruby><ruby>覧<rt>らん</rt></ruby><ruby>不<rt>ふ</rt></ruby><ruby>可<rt>か</rt></ruby>です。 미성년자는 관람불가입니다.

丨丨丨丨丨丨丨丨丨丨丨丨丨丨覧覧覧覧覧覧覧覧覧覧

音 げん／ごん

戒厳(かいげん) 계엄　厳格(げんかく) 엄격　厳守(げんしゅ) 엄수

尊厳(そんげん) 존엄　荘厳(そうごん) 불상(불당)을 꾸밈.

訓 きびしい／おごそか

厳(きび)しい 엄하다　厳(おごそ)か 엄숙함

엄할 엄

부수 : ⺍

정자 : 嚴

時間を厳守してください。 시간을 엄수해 주세요.

子供に厳しく言いました。 아이에게 엄하게 말했습니다.

丶丶丷丷丷丷丷产产产产产产产产产产产厳厳厳

音 ゆう

優越(ゆうえつ) 우월　優秀(ゆうしゅう) 우수　優勝(ゆうしょう) 우승

優待(ゆうたい) 우대　優良(ゆうりょう) 우량

訓 やさしい／すぐれる

優(やさ)しい 상냥하다, 다정하다　優(すぐ)れる 뛰어나다, 우수하다

넉넉할 우

부수 : 亻

239

優秀な成績で卒業しました。 우수한 성적으로 졸업했습니다.

他人に優しい人です。 타인에게 다정한 사람입니다.

丿亻亻亻亻亻価価価価優優優優優優優

音 しゅく　圧縮(あっしゅく) 압축　縮小(しゅくしょう) 축소

伸縮性(しんしゅくせい) 신축성

訓 ちぢむ／ちぢまる／ちぢめる／ちぢれる／ちぢらす

縮(ちぢ)む 오그라들다, 줄어들다　縮(ちぢ)まる 줄어들다

縮(ちぢ)める 축소하다　縮(ちぢ)れる 오글오글해지다

縮(ちぢ)らす 오라들게 하다

줄일 축

부수 : 糸

ファイルを圧縮しました。 파일을 압축했습니다.

洗濯物が縮みました。 세탁물이 줄어들었습니다.

丿幺幺幺糸糸糸紵紵紵紵紵紵縮縮縮縮

簡

음 かん

簡易(かんい) 간이　簡単(かんたん) 간단　簡略(かんりゃく) 간략

書簡(しょかん) 서간

대쪽 /
간략할 간

부수：竹

簡易(かんい)トイレはあそこです。 간이 화장실은 저쪽입니다.

簡 簡 簡 簡 簡 簡 簡 簡 簡 簡 簡 簡 簡 簡 簡 簡 簡 簡

難

음 なん

苦難(くなん) 고난　盗難(とうなん) 도난　難関(なんかん) 난관

難民(なんみん) 난민

훈 むずかしい／かたい

難(むずか)しい 어렵다　難(かた)い 어렵다, 곤란하다

어려울 난

부수：隹
정자：難

盗難申告(とうなんしんこく)を受付(うけつ)けています。 도난신고를 접수하고 있습니다.

少(すこ)し難(むずか)しい問題(もんだい)です。 좀 어려운 문제입니다.

難 難 難 難 難 難 難 難 難 難 難 難 難 難 難 難 難 難

臨

음 りん

君臨(くんりん) 군림　臨時(りんじ) 임시　臨終(りんじゅう) 임종

훈 のぞむ

臨(のぞ)む 임하다

임할 림

부수：臣

臨時列車(りんじれっしゃ)を編成(へんせい)します。 임시열차를 편성하겠습니다.

非常勤務(ひじょうきんむ)に臨(のぞ)んでいます。 비상근무에 임하고 있습니다.

臨 臨 臨 臨 臨 臨 臨 臨 臨 臨 臨 臨 臨 臨 臨 臨 臨 臨

240

警告(けいこく) 경고　警察(けいさつ) 경찰　警備(けいび) 경비

警報(けいほう) 경보　警察官(けいさつかん) 경찰관

깨우칠 경

부수 : 言

정자 : 警

^{かれ}　^{けいこく}
彼には警告しておきます。 그에게는 경고해 두겠습니다.

一 十 艹 艾 芍 苟 苟 苟 荷 静 静 静 敬 <u>敬</u> <u>警</u> <u>警</u> <u>警</u> <u>警</u> <u>警</u>

Tip

★ 音読(おんよ)み로 활용되는 '警察官(けいさつかん) 경찰관'은 일상생활에서는 警官(けいかん)이라고 짧게 줄여서 사용하기도 합니다.

음 ぞう

肝臓(かんぞう) 간장　五臓六腑(ごぞうろっぷ) 오장육부

오장 장

부수 : 月

정자 : 臓

^{かんぞう}　　^{じょうたい}　^{りょうこう}
肝臓の状態は良好です。 간장 상태는 양호합니다.

丿 刀 月 月 刖 肝 胪 胪 胪 胪 臓 臓 臓 臓 臓 臓 臓 臓

あう　合　会

けいさん あ
計算が合う。 계산이 맞다.

とも あ
友だちに会う。 친구를 만나다.

あける　明　空　開

よ あ
夜が明ける。 날이 새다.

いえ あ
家を空ける。 집을 비우다.

みせ あ
店を開ける。 가게를 열다.

あつい　暑　熱　厚

あつ なつ ひ
暑い夏の日。 더운 여름날.

あつ
熱いコーヒー。 뜨거운 커피.

あつ かみ
厚い紙。 두꺼운 종이.

あらわす　表　現　著

ことば あらわ
言葉に表す。 언어로 표현하다.

すがた あらわ
姿を現す。 모습을 나타내다.

ほん あらわ
本を著す。 책을 저술하다.

うつ　打　討

う
くぎを打つ。 못을 박다.

てき う と
敵を討ち取る。 적을 물리치다.

うつす　写　映

しゃしん うつ
写真を写す。 사진을 찍다.

うつ
かげを映す。 그림자를 비추다.

うむ　生　産

しんきろく う
新記録を生む。 신기록을 만들어내다.

う
たまごを産む。 알을 낳다.

おさめる　収　納　治　修

せいこう おさ
成功を収める。 성공을 거두다.

ぜいきん おさ
税金を納める。 세금을 납부하다.

くに おさ
国を治める。 나라를 다스리다.

がくもん おさ
学問を修める。 학문을 익히다.

おおて　表　面

おもて
うら表　안팎

や おもて た
矢面に立つ。 진두에 서다(질문, 비난 따
위를 정면으로 받는 입장에
서다)

かわる・かえる　変　代

かたち か
形を変える。 형태를 바꾸다.

み が
身代わりになる。

대신, 대역이 되다.

たてる　立　建

こっき た
国旗を立てる。 국기를 세우다.

いえ た
家を建てる。 집을 짓다.

たま　玉　球

たま
玉をみがく。 구슬을 연마하다.

でんき たま
電気の球。 전기 전구

つくる　作　造

こめ つく
米を作る。 쌀을 재배하다.

ふね つく
船を造る。 배를 만들다.

つとめる 勤 努 務

かいしゃ つと
会社に勤める。 회사에 근무하다.

けんこう ほ じ つと
健康保持に努める。

보건 유지에 힘쓰다.

ぎ ちょう つと
議長を務める。 의장을 역임하다.

のぞむ 望 臨

てん のぞ
天を望む。 하늘을 바라다보다.

うみ のぞ
海に臨む。 바다를 향하다.

はかる 図 計 測 量

どくりつ はか
独立を図る。 독립을 꾀하다.

じ かん はか
時間を計る。 시간을 재다.

たか はか
高さを測る。 높이를 측정하다.

はか
ますで量る。 말(되)로 세다.

はやい 早 速

き はや
気が早い。 성급하다.

くるま はや
車の速さ 자동차의 빠르기

もの 者 物

にん き もの
人気者 인기인

もの な
物を投げる。 물건을 던지다.

わかれる 分 別

い けん わ
意見が分かれる。 의견이 나눠지다.

とも わか
友と別れる。 친구와 헤어지다.

약자와 정자 비교

우리나라 한자와 일본의 한자는 같은 듯 하지만 다른 점이 있습니다. 바로 우리나라는 정자를 쓰고 일본은 약자를 쓴다는 사실인데요, 다음 한자들이 바로 그 예입니다. 양국 한자의 차이를 알아두면 유용하겠죠?

일본한자	훈과 음	한국한자	일본한자	훈과 음	한국한자
価	값 가	價	鉱	쇳돌 광	鑛
仮	거짓 가	假	旧	예 구	舊
覚	깨달을 각	覺	権	권세 권	權
挙	들 거	擧	券	문서 권	券
検	검사할 검	檢	巻	책 권	卷
欠	이지러질 결	缺	勤	부지런할 근	勤
径	지름길 / 길 경	徑	器	그릇 기	器
経	지날 / 글 경	經	難	어려울 난	難
届	이를 / 신고할 계	屆	納	바칠 납	納
穀	곡식 곡	穀	脳	골 / 뇌수 뇌	腦
観	볼 관	觀	断	끊을 단	斷
関	관계할 관	關	団	둥글 단	團

일본한자	훈과 음	한국한자	일본한자	훈과 음	한국한자
単	홑 단	單	飼	기를 사	飼
担	멜 담	擔	舎	집 사	舍
党	무리 당	黨	状	형상 상	狀
隊	떼 대	隊	署	마을 / 관청 서	署
帯	띠 대	帶	説	말씀 설	說
徳	큰 덕	德	税	세금 세	稅
独	홀로 독	獨	焼	사를 소	燒
灯	등 등	燈	巣	새집 소	巢
乱	어지러울 란	亂	属	붙일 속	屬
覧	볼 람	覽	続	이을 속	續
朗	밝을 랑	郎	率	거느릴 솔	率
歴	지날 력	歷	収	거둘 수	收
労	일할 로	勞	輸	보낼 수	輸
録	기록할 록	錄	視	볼 시	視
類	무리 류	類	児	아이 아	兒
満	찰 만	滿	圧	누를 압	壓
梅	매화나무 매	梅	桜	앵두 앵	櫻
脈	줄기 맥	脈	厳	엄할 엄	嚴
博	넓을 박	博	余	남을 여	餘
飯	밥 반	飯	訳	번역할 역	譯
拝	절 배	拜	沿	물따라갈 / 따를 연	沿
弁	고깔 변	辯	塩	소금 염	鹽
変	변할 변	變	営	경영할 영	營
並	나란히 병	竝	栄	영화 영	榮
宝	보배 보	寶	芸	재주 예	藝
仏	부처 불	佛	誤	그르칠 오	誤
辞	말씀 사	辭	囲	에워쌀 위	圍

일본한자	훈과 음	한국한자	일본한자	훈과 음	한국한자
衛	지킬 위	衛	従	좇을 종	從
応	응할 응	應	縦	세로 종	縱
翌	다음날 익	翌	増	더할 증	增
益	더할 익	益	証	증거 증	證
認	알 인	認	賛	도울 찬	贊
残	남을 잔	殘	参	참여할 참	參
蚕	누에 잠	蠶	菜	나물 채	菜
雑	섞일 잡	雜	採	캘 채	採
蔵	감출 장	藏	処	곳 처	處
装	꾸밀 장	裝	浅	얕을 천	淺
臓	오장 장	臟	庁	관청 청	廳
将	장수 장	將	清	맑을 청	淸
争	다툴 쟁	爭	総	다 총	總
著	나타날 저	著	祝	빌 축	祝
銭	돈 전	錢	層	층 층	層
戦	싸움 전	戰	派	갈래 파	派
専	오로지 전	專	判	판단할 판	判
伝	전할 전	傳	包	쌀 포	包
節	마디 절	節	郷	시골 향	鄕
静	고요할 정	靜	験	시험 험	驗
情	뜻 정	情	険	험할 험	險
精	정할 정	精	拡	넓힐 확	擴
済	건널 제	濟	灰	재 회	灰
諸	모두 제	諸	効	효험 / 본받을 효	效
条	가지 조	條			
祖	할아비 조	祖			
尊	높을 존	尊			

색인

가나다 순

색인 (가나다순)

248

249

254

255

일본어 한자 터잡기

초중급편 부록

한자 쓰기 노트

士								
선비 사　一 十 士								
欠								
이지러질 결　欠 欠 欠 欠								
夫								
지아비 부　一 二 夫 夫								
不								
아닐 부/불　一 ア 不 不								
氏								
성씨 씨　氏 氏 氏 氏								
加								
더할 가　フ カ 加 加 加								
功								
공 공　功 功 功 功 功								
令								
하여금 령　令 令 令 令 令								
末								
끝 말　末 末 末 末 末								
未								
아닐 미　未 未 未 未 未								

2

民								
백성 민　民 民 民 民 民								
辺								
가변　コ カ 刃 辺 辺								
付								
부칠 부　ノ イ 仁 付 付								
司								
맡을 사　フ ヿ 司 司 司								
史								
사기 사　ソ 口 口 史 史								
失								
잃을 실　ㅗ ㅗ ㅌ 失 失								
以								
써 이　レ レ レ 以 以								
札								
편지 찰　一 十 札 札 札								
包								
쌀 포　ノ ク 勺 匀 包								
必								
반드시 필　ソ ソ 必 必 必								

3

各							
각각 각	各 各 各 各 各 各						
共							
한가지 공	共 共 共 共 共 共						
灯							
등 등	灯 灯 灯 灯 灯 灯						
老							
늙을 로	一 十 耂 耂 老 老						
成							
이룰 성	成 成 反 成 成 成						
衣							
옷 의	衣 亠 亠 衣 衣 衣						
印							
도장 인	印 印 印 印 印 印						
争							
다툴 쟁	争 争 争 争 争 争						
伝							
전할 전	伝 伝 仁 伝 伝 伝						
兆							
억조 조	兆 兆 兆 兆 兆 兆						

4

仲								
버금 중 　仲 仲 仲 仲 仲 仲								
好								
좋을 호 　好 好 好 好 好 好								
改								
고칠 개 　改 改 改 改 改 改 改								
告								
고할 고 　告 告 告 告 告 告 告								
求								
구할 구 　求 求 求 求 求 求 求								
努								
힘쓸 노 　努 努 努 努 努 努 努								
冷								
찰 랭 　冷 冷 冷 冷 冷 冷 冷								
良								
어질 량 　良 良 良 良 良 良 良								
労								
일할 로 　労 労 労 労 労 労 労								
利								
이할 리 　利 利 利 利 利 利 利								

別									
다를/나눌 별	別 別 別 別 別 別 別								

兵									
병사 병	兵 兵 兵 兵 兵 兵 兵								

束									
묶을 속	束 束 束 束 束 束 束								

臣									
신하 신	臣 臣 臣 臣 臣 臣 臣								

兒									
아이 아	兒 兒 兒 兒 兒 兒 兒								

6

芸									
재주 예	芸 芸 芸 芸 芸 芸 芸								

完									
완전할 완	完 完 完 完 完 完 完								

圍									
두를 위	圍 圍 圍 圍 圍 圍 圍								

位									
자리 위	位 位 位 位 位 位 位								

材									
재목 재	材 材 材 材 材 材 材								

低									
낮을 저　低 低 低 仾 低 低									
折									
꺾을 절　一 扌 扌 扩 折 折 折									
初									
처음 초　初 初 初 初 初 初 初									
希									
바랄/드물 희　一 乂 辛 矛 希 希 希									
径									
지름길/길 경　徑 徑 徑 徑 径 径 径 径									
季									
계절 계　一 二 千 禾 禾 季 季 季									
固									
굳을 고　丨 冂 冂 冂 丙 固 固 固									
果									
실과 과　丨 口 日 旦 旦 甲 果 果									
官									
벼슬 관　宀 宀 宀 宀 官 官 官 官									
念									
생각 념　人 今 念 念 念 念 念 念									

牧									
칠 목	牧牧牧牧牧牧牧牧								
毒									
독 독	毒毒毒毒毒毒毒毒								
例									
법식 례	例例例例例例例例								
法									
법 법	法法法法法法法法								
府									
마을 부	府府府府府府府府								
松									
소나무 송	松松松松松松松松								
刷									
쓸 쇄	刷刷刷刷刷刷刷刷								
芽									
싹 아	芽芽芽芽芽芽芽芽								
英									
꽃부리 영	英英英英英英英英								
泣									
울 읍	泣泣泣泣泣泣泣泣								

8

底								
밑 저	底广广庐庐庇底底							
的								
과녁 적	的白白白的的的的							
典								
법 전	口曰由曲曲典典							
卒								
마칠 졸	广广广卒卒卒卒							
周								
두루 주	丿几月冃用用周周							
參								
참여할 참	厶厽矢矢参参参							
治								
다스릴 치	氵氵治治治治治							
協								
화할 협	十扩护協協協							
建								
세울 건	子子主主聿聿建建							
軍								
군사 군	軍軍冒冒冒宣軍							

紀								
벼리 기	紀 紀 紀 紀 紀 紀 紀 紀 紀							
単								
홑 단	単 単 単 単 単 単 単 単 単							
変								
변할 변	変 変 変 変 変 変 変 変 変							
飛								
날 비	飛 飛 飛 飛 飛 飛 飛 飛 飛							
省								
살필 성/덜 생	省 省 省 省 省 省 省 省 省							
信								
믿을 신	信 信 信 信 信 信 信 信 信							
約								
대략 약	約 約 約 約 約 約 約 約 約							
栄								
영화 영	栄 栄 栄 栄 栄 栄 栄 栄 栄							
要								
요긴할 요	要 要 要 要 要 要 要 要 要							
勇								
날랠 용	勇 勇 勇 勇 勇 勇 勇 勇 勇							

10

胃									
밥통 위	胃 胃 胃 胃 胃 胃 胃 胃 胃								
昨									
어제 작	丨 冂 日 日 旷 昨 昨 昨 昨								
便									
편할 편/똥오줌 변	丿 亻 仁 仃 佢 佢 佢 便 便								
浅									
얕을 천	浅 浅 浅 氵 汀 汗 浅 浅 浅								
祝									
빌 축	祝 礻 礻 礻 祀 祝 祝 祝 祝								
型									
모형 형	型 二 干 开 刑 刑 型 型 型								
挙									
들 거	挙 丷 学 丷 兴 兴 送 誉 挙								
郡									
고을 군	𠃌 𠃌 ヨ 尹 尹 君 君 君 郡 郡								
帯									
띠 대	一 丗 丗 丗 丗 丗 丗 帯 帯 帯								
徒									
무리 도	徒 彳 彳 行 行 徒 徒 徒 徒 徒								

11

連								
이을 련	連 一 厂 戸 百 亘 車 連 連 連							
料								
헤아릴 료	料 丷 二 半 米 料 料 料 料							
梅								
매화나무 매	梅 十 才 才 村 柏 柏 梅 梅							
脈								
줄기 맥	脈 刀 月 月 旷 胪 肵 脈 脈 脈							
粉								
가루 분/감할 쇄	粉 丷 二 半 米 米 彩 粉 粉							
殺								
죽일 살	殺 杀 杀 杀 杀 杀 殺 殺 殺							
席								
자리 석	席 广 广 广 庐 庐 庐 席 席							
笑								
웃음 소	笑 个 个 竹 竹 竹 竺 竿 笑							
孫								
손자 손	孫 了 子 子 孑 孫 孫 孫 孫							
案								
책상 안	案 宀 宀 安 安 宰 宰 案 案							

浴								
목욕할 욕	浴浴浴浴浴浴浴浴浴浴							
殘								
남을 잔	殘殘殘殘殘殘殘殘殘殘							
借								
빌/빌릴 차	借借借借借借借借借借							
差								
다를 차	差差差差差差差差差差							
倉								
곳집 창	倉倉倉倉倉倉倉倉倉倉							
特								
특별할 특	特特特特特特特特特特							
航								
배 항	航航航航航航航航航航							
害								
해할 해	害害害害害害害害害害							
候								
기후 후	候候候候候候候候候候							
訓								
가르칠 훈	訓訓訓訓訓訓訓訓訓訓							

康							
편안 강	康 康 广 广 庐 庐 唐 唐 康 康						
健							
굳셀 건	健 化 仁 仨 侓 侓 律 律 健 健						
械							
기계 계	械 十 扰 杉 杧 朾 柨 械 械 械						
救							
구원할 구	救 救 求 求 求 求 求 救 救 救						
堂							
집 당	堂 业 兴 些 兴 崇 告 堂 堂 堂						
得							
얻을 득	得 彳 彳 彳 得 得 得 得 得 得						
陸							
뭍 륙	陸 陸 阝 阝 陸 陸 陸 陸 陸 陸						
望							
바랄 망	望 亡 切 切 切 朢 朢 望 望 望						
副							
버금 부	副 副 副 副 副 畐 畐 畐 副 副						
産							
낳을 산	産 産 産 立 立 产 产 库 库 産						

14

巢									
새집 소	巢 巢 巢 꽃 꿈 꿈 当 単 単 巢								
停									
머무를 정	亻 亻 亻 亭 佇 停 停 停 停 停								
唱									
부를 창	唱 口 吖 叩 唱 唱 唱 唱 唱 唱								
菜									
나물 채	一 艹 艹 艹 艹 芯 芯 苹 菜 菜								
清									
맑을 청	清 清 清 氵 沪 淸 淸 淸 淸 淸								
側									
곁 측	側 亻 亻 伊 俱 俱 俱 側 側 側								
敗									
패할 패	丨 冂 月 目 目 貝 貝 貶 敗 敗 敗								
票									
표 표	票 票 票 西 西 票 票 票 票 票								
貨									
재물 화	亻 亻 亻 化 化 貨 貨 貨 貨 貨								
街									
거리 가	亻 彳 彳 行 往 往 往 往 街 街 街								

覚								
깨달을 각	` ` `ﾶ` `ﾶﾶ` `ﾦ` `ﾖ` `ﾕ` 学 学 常 常 常 尚 尚 掌 覚 覚							
結								
맺을 결	結 結 結 幺 結 結 糸 糸 結 結 結							
景								
볕 경	ﾖ 冖 吊 吊 旦 旦 早 昊 景 景 景							
極								
다할/극진할 극	一 十 木 木 朾 杬 柯 柯 柯 極 極 極							
給								
줄 급	給 給 給 幺 給 給 糸 糸 給 給 給							
達								
통달할 달	一 十 圭 圭 圭 圭 幸 幸 幸 達 達 達							
隊								
무리 대	ﾖ 阝 阝 阝 阝 阼 隊 除 隊 隊 隊 隊							
量								
헤아릴 량	ﾖ 口 旦 旦 昌 早 昙 昌 昌 量 量							
滿								
찰 만	滿 滿 沂 氵 沂 沂 滞 満 満 満 満 満							
無								
없을 무	` ` ` ` 二 仁 缶 無 無 無 無 無 無							

博									
넓을 박 一 十 十 恒 恒 恒 博 博 博 博 博									
飯									
밥 반 ノ 人 今 今 今 今 食 食 飯 飯 飯									
費									
쓸 비 一 コ ヨ 弗 弗 弗 弗 弗 弗 費 費 費									
散									
흩을 산 一 十 十 节 井 节 节 昔 散 散 散 散									
象									
코끼리 상 ノ ク 各 各 各 争 争 象 象 象 象 象									
燒									
사를 소 ソ ソ 少 火 灯 灶 炷 烨 烨 烨 燒									
順									
순할 순 ノ ノ 川 川 川 順 順 順 順 順 順 順									
然									
그럴 연 ノ ク タ タ タ 外 外 然 然 然 然 然									
貯									
쌓을 저 ｜ 冂 冃 目 目 貝 貝 貯 貯 貯 貯 貯									
最									
가장 최 ｜ 冂 旦 旦 最 最 最 最 最 最 最 最									

17

喜									
기쁠 희	一 十 吉 吉 吉 吉 吉 吉 吉 喜 喜 喜								
働									
일할 동	ノ 亻 仁 仁 作 倽 倽 偅 偅 働 働								
辞									
말씀 사	一 二 千 千 舌 舌 舌 舌 舌 辞 辞 辞								
続									
이을 속	幺 幺 糸 糸 糸 紅 紅 続 続 続 続 続								
試									
시험 시	試 試 試 試 試 試 試 試 試 試 試 試								
愛									
사랑 애	一 ⺌ ⺌ ⺍ 爫 爫 爫 恶 愛 愛 愛 愛 愛								
塩									
소금 염	一 十 圵 圵 塩 塩 塩 塩 塩 塩 塩 塩 塩								
腸									
창자 장	丿 月 月 月 肥 胆 胆 腸 腸 腸 腸 腸 腸								
戰									
싸움 전	戦 戦 ⺍ ⺍ 単 単 単 単 単 戦 戦 戦								
節									
마디 절	節 節 節 節 節 節 節 節 節 節 節 節								

18

照								
비칠 조	丨 冂 日 日 昭 昭 昭 照 照 照 照 照 照							

置								
둘 치	丷 罒 罒 罒 罒 置 置 置 置 置 置 置							

管								
대롱/주관할 관	丷 竺 竺 竺 竺 竺 竺 竺 竿 管 管 管 管							

関								
관계할 관	丨 冂 冂 門 門 門 門 門 門 門 閂 閈 関 関							

旗								
기 기	丶 亠 ナ 方 方 方 斿 斿 旃 旗 旗 旗 旗							

歴								
지날 력	一 厂 厂 厂 厤 厤 厤 厤 麻 厤 歴 歴 歴							

説								
말씀 설	亠 言 言 言 言 言 訂 訂 説 説 説 説 説							

漁								
고기잡을 어	氵 氵 氵 氵 汾 汾 泊 泊 渔 渔 渔 渔 漁							

静								
고요할 정	一 二 キ キ 青 青 青 青 青 靜 靜 静 静 静							

種								
씨 종	丿 二 千 禾 禾 秆 秆 秆 秤 稚 種 種 種 種							

察								
살필 찰	察 宗 宗 察 穴 穸 穸 穸 突 突 窓 窊 察 察							
課								
공부할/과정 과	課 亠 言 言 言 訂 訂 記 記 課 課 課 課 課							
器								
그릇 기	器 器 器 꿈 罒 罒 呪 哭 哭 器 器 器 器							
輪								
바퀴 륜	輪 亠 市 両 百 亘 車 軒 軒 軡 軡 輪 輪 輪							
賞								
상줄 상	賞 賞 賞 賞 賞 背 背 背 背 賞 賞 賞 賞 賞							
選								
가릴 선	選 己 己 근 딴 딴 딴 巽 巽 巽 巽 選 選							
養								
기를 양	養 養 芙 芙 养 养 养 养 养 养 养 養 養 養							
億								
억 억	億 億 亻 亻 亻 仸 倍 倍 倍 億 億 億 億							
熱								
더울 열	熱 十 土 푸 뚱 幸 幸 幸 刲 刲 熱 熱 熱 熱							
標								
표할 표	標 十 木 木 栖 柞 柞 栖 標 標 標 標 標 標							

機									
틀 기	一 十 十 才 木 术 栌 栌 桦 椣 桦 桦 桦 機 機 機								
錄									
기록할 록	丿 𠂉 丆 牟 牟 牟 金 金 釒 釷 針 鈁 鈃 錄 錄								
積									
쌓을 적	一 二 千 禾 禾 禾 秆 秖 秸 積 積 積 積 積 積								
観									
볼 관	丿 𠂉 二 午 午 午 年 隹 隹 雈 雚 観 観 観 観 観								
類									
무리 류	丷 丬 米 米 米 米 米 粭 類 類 類 類 類 類 類								
驗									
시험 험	一 三 干 馬 馬 馬 馰 馸 馸 駼 駩 驗								
鏡									
거울 경	丿 𠂉 丆 牟 牟 金 金 金 釒 釒 鈶 鈶 鏡 鏡 鏡 鏡 鏡								
願									
원할 원	一 厂 厂 厈 盾 盾 盾 原 原 原 原 原 願 願 願 願 願 願								
競									
다툴 경	丶 立 立 立 音 音 竟 竞 竞 竞 竞 竞 竞 竞 競 競 競								
議									
의논할 의	丶 二 亖 言 言 言 計 計 誰 誰 詳 詳 詳 詳 詳 議 議 議								

久								
오랠 구 ㅣ 久 久 久								
仏								
부처 불 ㅣ 仏 仏 仏								
比								
견줄 비 比 比 比 比								
支								
지탱할 지 ᅳ 十 亍 支								
可								
옳을 가 ᅳ 一 ㅜ 可 可								
刊								
새길 간 ᅳ 一 千 刊 刊								
句								
글귀 구 ᅳ 勺 勺 句 句								
旧								
예 구 ㅣ 旧 旧 旧 旧								
犯								
범할 범 ᅳ 犭 犭 犯 犯								
弁								
고깔 변 ᅳ 厶 스 弁 弁								

22

示									
보일 시	示 示 テ 示 示								
圧									
누를 압	圧 厂 圧 圧 圧								
永									
길 영	丶 亅 永 永 永								
布									
베/펼 포	ノ ナ 右 右 布								
仮									
거짓 가	仮 仁 仁 仮 仮 仮								
件									
물건 건	件 仁 仁 仁 件 件								
団									
둥글 단	団 冂 月 団 団 団								
舌									
혀 설	舌 舌 千 舌 舌 舌								
因									
인할 인	因 冂 冃 因 因 因								
任									
맡길 임	任 仁 仁 仁 任 任								

23

再									
두 재	再 千 冇 再 再 再								
在									
있을 재	一 ナ オ 右 在 在								
均									
고를 균	均 均 均 均 均 均								
技									
재주 기	技 技 技 技 技 技								
防									
막을 방	防 防 防 防 防 防								
应									
응할 응	应 应 广 广 应 应								
似									
닮을 사	似 似 似 似 似 似								
状									
모양 상	状 状 状 状 状 状								
序									
차례 서	序 序 广 序 序 序								
余									
남을 여	余 余 余 余 余 余								

24

災									
재앙 재 `災`									
条									
가지 조 `条`									
志									
뜻 지 `志`									
快									
쾌할 쾌 `快`									
判									
판단할 판 `判`									
価									
값 가 `価`									
居									
살 거 `居`									
券									
문서 권 `券`									
武									
호반 무 `武`									
肥									
살찔 비 `肥`									

非									
아닐 비	ﾉ ﾅ ﾖ ﾖ 非 非 非 非								

舍									
집 사	亼 合 合 余 余 舍 舍 舍								

性									
성품 성	性 性 性 忄 忄 忄 性 性								

述									
펼 술	一 十 才 朮 朮 述 述 述								

承									
이을 승	承 了 了 了 孕 承 承 承								

易									
바꿀 역/쉬울 이	易 易 易 易 易 易 易 易								

往									
갈 왕	往 往 往 往 往 往 往 往								

制									
절제할 제	制 制 牛 牛 告 制 制 制								

枝									
가지 지	才 枝 枝 枝 枝 枝 枝 枝								

妻									
아내 처	妻 妻 妻 妻 妻 妻 妻 妻								

26

招								
부를 초　招 扌 招 扌 扫 招 招 招								
版								
판목 판　丿 丬 爿 片 朊 朊 版 版								
河								
물 하　河 河 河 汀 汀 沪 河 河								
効								
본받을 효　効 亠 六 六 交 交 刻 効								
故								
연고 고　故 十 古 古 古 甘 故 故								
独								
홀로 독　独 犭 犭 犭 狐 独 独 独								
迷								
미혹할 미　迷 半 半 米 米 洣 迷 迷								
保								
지킬 보　保 亻 伫 伫 侣 俘 保 保								
逆								
거스를 역　逆 逆 并 芦 弟 弟 逆 逆								
政								
정사 정　政 丁 丁 正 政 政 政 政								

祖									
할아비 조	祖 ｧ ｧ 初 初 初 祖 祖 祖								
則									
법 칙/칙	丨 冂 月 月 目 貝 貝 則 則								
退									
물러날 퇴	退 退 退 艮 艮 艮 退 退 退								
限									
한할 한	限 限 限 限 限 限 限 限 限								
厚									
두터울 후	厂 厂 厂 戶 戶 戶 厚 厚 厚								
査									
조사할 사	査 十 才 木 木 杳 杳 査 査								
個									
낱 개	個 個 们 们 個 個 個 個 個								
格									
격식 격	格 十 才 格 杉 杉 枚 格 格								
耕									
밭갈 경	耕 耕 耕 耕 耕 耕 耕 耕 耕								
能									
능할 능	能 能 介 介 介 能 能 能 能								

留									
머무를 류	留 留 留 留 留 留 留 留 留								
師									
스승 사	師 師 師 師 師 師 師 師 師								
修									
닦을 수	修 修 修 修 修 修 修 修 修								
素									
본디/흴 소	素 素 素 素 素 素 素 素 素								
桜									
앵두 앵	桜 桜 桜 桜 桜 桜 桜 桜 桜								
容									
얼굴 용	容 容 容 容 容 容 容 容 容								
恩									
은혜 은	恩 恩 恩 恩 恩 恩 恩 恩 恩								
益									
더할 익	益 益 益 益 益 益 益 益 益								
財									
재물 재	財 財 財 財 財 財 財 財 財								
造									
지을 조	造 造 造 造 造 造 造 造 造								

破									
깨트릴 파	破 丆 石 砑 破 砑 破 破 破								
俵									
나누어줄 표	俵 俵 仁 仨 伫 俵 俵 俵 俵								
経									
지날 / 글 경	経 経 絲 経 糸 経 経 経 経 経								
基									
터 기	基 乇 甚 甚 其 其 其 其 基 基								
寄									
부칠 기	寄 宁 宁 宁 宁 宇 宇 寄 寄 寄								
規									
법 규	規 規 却 却 規 規 規 規 規 規								
斷									
끊을 단	斷 斤 矵 米 米 米 斷 斷 斷 斷								
略									
간략할 / 약할 략	丨 口 田 田 田 田 略 略 略 略								
務									
힘쓸 무	矛 矛 孖 予 矛 矛 矜 矜 務 務								
婦									
며느리 / 지어미 부	女 婦 女 女 妒 妒 婦 婦 婦 婦								

貧								
가난할 빈 　貧 八 分 分 分 贫 贫 贫 貧 貧								
常								
떳떳할/항상 상 　常 常 常 常 常 常 常 常 常 常								
設								
베풀 설 　設 設 設 設 設 設 設 設 設 設								
率								
거느릴 솔 　率 亠 玄 玄 玄 玄 率 率 率 率								
授								
줄 수 　授 扌 扌 扚 扚 护 授 授 授 授								
術								
재주 술 　術 彳 彳 彳 彳 休 休 術 術 術								
眼								
눈 안 　眼 月 眼 月 眼 目 目 目 眼 眼 眼								
液								
진 액 　液 液 液 液 汸 汸 汸 液 液 液								
移								
옮길 이 　移 二 千 禾 禾 移 移 移 移 移								
張								
베풀 장 　張 張 引 引 張 張 張 張 張 張								

接								
이을 접　接 扌 扌 扩 扩 护 护 接 接 接								
情								
뜻 정　忄 忄 忄 忄 忄 情 情 情 情 情								
採								
캘 채　採 扌 扌 扩 採 採 扞 扞 採 採								
責								
꾸짖을 책　責 十 キ 丰 丰 青 青 青 責 責								
許								
허락할 허　許 許 許 許 許 許 許 許 許 許								
險								
험할 험　險 阝 阝 阝 阶 阶 险 险 險 險								
現								
나타날 현　一 T F 王 玗 玗 玔 現 現 現								
混								
섞을 혼　混 混 汨 汩 汩 汨 混 混 混 混								
減								
덜 감　減 減 減 汀 汀 汙 汻 汻 減 減 減								
檢								
검사할 검　一 十 才 朾 杧 杧 柃 栓 栓 檢 檢								

過								
지날 과	過 冂 円 丹 丹 丹 咼 咼 咼 過 過 過							
貸								
빌릴 대	貸 亻 仁 代 代 代 侉 侉 貸 貸 貸							
貿								
무역할 무	貿 亻 仁 卯 卯 卯 貿 留 留 貿 貿							
報								
갚을/알릴 보	報 十 圡 圥 赤 赤 坴 幸 幸 報 報 報							
復								
회복할 복/다시 부	復 夂 彳 彳 彳 彳 衸 復 復 復 復							
富								
부자 부	富 宀 宀 宁 宁 宫 宫 宫 宫 富 富							
備								
갖출 비	備 亻 仁 仁 佧 佧 借 備 備 備 備							
稅								
세금 세	稅 仁 千 千 禾 禾 秒 秒 秒 秒 秒 稅							
屬								
무리 속	屬 ᄀ 彐 尸 尸 屍 屍 屚 屬 屬 屬							
營								
경영할 영	營 営 営 営 学 学 営 営 営 営 営							

33

絶								
끊을 절	絶 絶 絶 絶 絶 絶 紵 絽 絕 絶 絶 絶							
程								
한도/길 정	程 程 千 禾 禾 和 秆 程 程 程 程 程							
提								
끌 제	提 提 提 扣 押 押 捍 提 捍 捍 提							
証								
증거 증	証 証 証 証 証 証 証 証 訂 訂 証 証							
測								
헤아릴 측	測 測 測 測 測 測 測 測 測 測 測 測							
統								
거느릴 통	統 統 統 統 統 統 統 統 統 統 統							
評								
평할 평	評 評 評 評 評 言 言 訂 訐 訐 評 評							
賀								
하례할 하	賀 力 加 加 賀 賀 智 智 賀 賀 賀 賀							
群								
무리 군	刁 刁 刁 尹 尹 君 君 君 君 群 群 群 群							
禁								
금할 금	禁 十 木 木 札 杜 林 林 禁 禁 禁 禁 禁							

幹									
줄기 간	一 十 � 古 古 直 卓 斡 幹 幹 幹 幹								
鉱									
쇳돌 광	ノ 人 스 슈 슈 슈 金 釒 釒 釒 鉱 鉱 鉱								
夢									
꿈 몽	一 艹 荳 节 荳 荳 荳 苩 茓 夢 夢 夢 夢								
墓									
무덤 묘	一 艹 荳 节 荳 荳 昔 莒 莫 莫 莫 墓 墓								
飼									
기를 사	ノ 人 슈 今 今 슈 食 食 飣 飣 飤 飼 飼								
勢									
형세 세	一 十 土 圭 走 去 坴 坴 埶 執 執 勢 勢								
損									
덜 손	一 十 扌 扌 护 捐 捐 捐 捐 捐 捐 損 損								
預									
맡길/미리 예	一 マ 叾 予 予 予 預 預 預 預 預 預 預								
義									
옳을 의	丶 丷 羊 羊 羊 羊 差 差 差 義 義 義								
資									
재물 자	丶 冫 亻 次 次 次 次 資 資 資 資 資 資								

準								
준할 준	氵 氵 氵 氵 汇 汇 汧 準 準 準 準 準 準							
罪								
허물 죄	罪 罪 罪 罪 罪 罪 罪 罪 罪 罪 罪 罪 罪							
豊								
풍년 풍	丨 冂 冂 曲 曲 曲 曲 豊 豊 豊 豊 豊 豊							
解								
풀 해	角 角 角 角 角 角 角 解 解 解 解 解 解							
境								
지경 경	土 土 土 圵 圹 圹 境 培 培 培 境 境 境							
構								
얽을 구	一 十 才 杧 杧 杧 桔 桔 桔 構 構 構 構							
慣								
익숙할 관	丨 忄 忄 忄 忄 慴 慴 慴 慴 慣 慣 慣 慣							
德								
큰 덕	彳 彳 彳 彳 彳 徖 徖 徖 德 德 德 德 德							
銅								
구리 동	丿 𠂊 𠂊 𠂊 牟 余 金 金 釦 釦 銅 銅 銅							
領								
거느릴 령	丿 𠆢 𠆢 今 今 令 領 領 領 領 領 領 領							

綿								
솜 면	幺 幺 幺 糸 糸 紀 紀 約 約 綿 綿 綿 綿 綿							
複								
겹칠 복	亠 衤 衤 衤 衤 衤 衤 祁 祁 褚 褚 褚 複							
酸								
실 산	一 厂 戸 戸 西 酉 酉 酌 酌 酹 酹 酸 酸							
像								
모양 상	亻 亻 亻 俨 俨 俨 傍 傍 停 傍 像 像							
演								
펼 연	氵 氵 氵 汽 泸 泸 汽 滈 滈 演 演 演 演							
雜								
섞일 잡	九 亠 办 杂 杂 剎 剎 剎 鉡 雜 雜 雜 雜							
適								
맞을 적	亠 产 产 产 商 商 商 商 商 商 滴 滴 適							
錢								
돈 전	人 人 牟 牟 牟 金 針 針 針 銭 銭 銭							
精								
정할 정	丷 半 米 米 米 米 料 精 精 精 精							
際								
즈음 / 가 제	阝 阝 阝 阝 阣 阣 際 際 際 際 際							

製							
지을 제	製 製 牛 竿 告 制 制 制 製 製 製 製						
增							
더할 증	一 十 土 圹 圹 圹 增 增 增 增 增 增						
総							
다 총	総 糸 糸 糸 糸 糸 紻 紻 紻 総 総 総						
態							
모습 태	能 能 个 育 育 育 能 能 能 能 態 態 態						
潔							
깨끗할 결	潔 氵 氵 沪 沪 洁 津 潔 潔 潔 潔 潔 潔 潔						
導							
인도할 도	道 首 首 首 首 首 道 道 道 導 導						
敵							
대적할 적	敵 六 产 产 产 商 商 商 商 敵 敵 敵 敵						
質							
바탕 질	質 斤 斤 斤 斤 所 所 所 所 質 質 質 質 質						
贊							
도울 찬	贊 二 夫 夫 夫 替 替 替 替 替 替 替 贊 贊						
編							
엮을 편	編 糸 糸 糸 糸 糸 紒 紒 紒 絹 絹 編 編 編						

暴									
사나울 폭/모질 포	暴 暴 暴 暴 昄 界 界 昪 昪 昪 暴 暴 暴 暴 暴								
確									
굳을 확	確 石 石 石 石 石 碕 矿 矿 碎 碓 碓 碓 確 確								
燃									
탈 연	燃 燃 火 火 火 炉 炉 炉 炉 炒 燃 燃 燃 燃 燃 燃								
輸									
보낼 수	輸 一 一 一 戸 百 亘 車 軒 軒 軨 輪 輪 輪 輪 輸								
衛									
지킬 위	衛 彳 彳 彳 彳 徍 徍 徔 徔 徔 徫 律 律 衛 衛								
築									
쌓을 축	築 尒 尒 竺 竺 竺 筑 筑 筑 筑 筑 筑 筑 築 築 築								
興									
일 흥	興 𡭔 𡭔 𡭔 𦥑 𦥑 𦥑 𦥑 𦥑 𦥒 𦥒 𦥒 興 興 興 興								
講									
욀 강	講 言 言 言 言 言 訁 訁 訃 詳 詳 詳 講 講 講 講								
謝									
사례할 사	謝 言 言 言 言 言 訁 訁 訃 訃 訃 訃 謝 謝 謝								
績									
길쌈 적	績 糹 糹 糹 糹 絹 結 結 結 結 結 績 績 績 績								

額									
이마 액	額額宀宀 宇安客客客客額額額額額額額								
職									
직분 직	職職 丁丁丁耳耳耳耳耳耳職職職職職職								
織									
짤 직	織織紈紈紈紈紈紈紈紈紈絊絊織織織								
識									
알 식	識識識識識識識識識識識識識識識識識								
護									
도울 호	護護護護護護護護護護護護護護護護護								

干								
방패 간	干 干 干							
己								
몸 기	己 己 己							
亡								
망할 망	亡 亡 亡							
寸								
마디 촌	一 寸 寸							
收								
거둘 수	収 収 収 収							
仁								
어질 인	仁 仁 仁 仁							
尺								
자 척	尺 尺 尺 尺							
片								
조각 편	片 片 片 片							
幼								
어릴 유	幼 幼 幼 幼 幼							
冊								
책 책	冊 冊 冊 冊 冊							

41

処									
곳 처	乊 夕 夂 処 処								
庁									
관청 청	一 宀 广 庐 庁								
穴									
굴 혈	宀 宀 宀 穴 穴								
机									
책상 궤	一 十 木 朾 机 机								
宇									
집 우	宀 宀 宇 宇 宇 宇								
危									
위태할 위	危 危 危 户 危 危								
存									
있을 존	一 ナ 才 存 存 存								
至									
이를 지	至 至 至 至 至 至								
宅									
집 택	宀 宀 宅 宅 宀 宅								
后									
임금/왕후 후	一 厂 斤 斤 后 后								

42

灰									
재 회	厂 厂 厅 厉 厉 灰								
吸									
마실 흡	丨 口 口 �ロ 吷 吸								
系									
이어맬 계	乛 乙 至 玄 系 系 系								
困									
곤할 곤	丨 冂 冂 用 囷 困 困								
卯									
알 란	亻 亡 𠂆 卯 卯 卯								
乱									
어지러울 란	丿 二 千 千 舌 舌 乱								
忘									
잊을 망	亠 亡 亡 户 忘 忘 忘								
否									
아닐 부	一 丆 不 不 否 否								
批									
비평할 비	一 十 扌 扌 批 批 批								
私									
사사 사	千 二 千 禾 禾 私 私								

我									
나 아	我 二 千 手 我 我 我								
孝									
효도 효	一 十 土 耂 考 孝 孝								
刻									
새길 각	刻 亠 亥 亥 亥 亥 刻 刻								
届									
이를/신고할 계	届 届 尸 尸 局 届 届 届								
供									
이바지할 공	供 供 仁 什 供 供 供								
担									
멜 담	担 担 扌 担 担 担 担								
枚									
낱 매	枚 枚 木 枚 枚 枚 枚 枚								
拜									
절 배	拜 拜 拝 扞 拝 拝 拝 拜								
並									
나란히 병	並 並 並 产 並 並 並 並								
宝									
보배 보	宝 宝 宝 宝 宝 宝 宝								

垂								
드리울 수 　垂 ≒ ≒ ≒ 垂 垂 垂 垂								
若								
같을 약/반야 야 　一 若 艻 芏 芋 芋 若 若								
乳								
젖 유 　乳 乳 乳 乳 乳 乎 乎 乳								
延								
늘일 연 　延 亻 仠 仠 延 延 延 延								
沿								
물따라갈/따를 연 　沿 氵 沿 沙 沿 沿 沿 沿								
宗								
마루 종 　宗 宗 宗 宗 宀 宇 宗 宗								
宙								
집 주 　宙 宙 宀 宀 宁 宁 宙 宙								
忠								
충성 충 　忠 忠 忠 忠 忠 忠 忠 忠								
拡								
넓힐 확 　一 扌 扩 扩 扩 拡 拡 拡								
呼								
부를 호 　口 口 叮 呼 呼 呼 呼 呼								

看								
볼 간	看 一 二 手 禾 看 看 看 看							
卷								
책 권	卷 丷 丷 半 半 券 券 卷							
段								
층계 단	段 丿 丨 丿 丮 臼 段 段 段							
背								
등 배	背 丬 寸 北 北 背 背 背							
律								
법칙 률	律 彳 彳 彳 行 律 律 律							
砂								
모래 사	砂 丆 丆 石 石 石 砂 砂 砂							
宣								
베풀 선	宣 宀 宀 宁 宁 宫 宫 宣							
城								
재 성	城 十 土 圵 圻 坊 城 城 城							
洗								
씻을 세	洗 氵 氵 泸 泙 洗 洗 洗							
染								
물들 염	染 氿 沙 汱 染 染 染 染							

46

映									
비칠 영　旧 旧 旧 旧 旧 旧 映 映									

姿									
모양 자　丶 冫 冫 次 次 次 姿 姿									

專									
오로지 전　一 厂 戸 戸 亩 亩 車 專 專									

奏									
아뢸 주　一 三 三 声 夫 表 表 奏 奏									

泉									
샘 천　丶 冫 白 白 白 皀 泉 泉 泉									

派									
갈래 파　丶 冫 氵 氵 沪 沪 沂 沂 派 派									

肺									
허파 폐　丿 刀 月 月 肝 肝 肝 肺 肺									

革									
가죽 혁　一 十 艹 艹 芦 苎 莒 革 革									

紅									
붉을 홍　幺 幺 幺 幺 幺 糸 糸 紅 紅 紅									

皇									
임금 황　丶 冫 白 白 白 皀 皇 皇 皇									

降								
내릴 강/항복할 항								

降 降 降 降 降 降 降 降 降

骨								
뼈 골								

骨 骨 骨 骨 骨 骨 骨 骨 骨

納								
바칠 납								

納 納 納 納 納 納 納 納 納

党								
무리 당								

党 党 党 党 党 党 党 党 党

朗								
밝을 랑								

朗 朗 朗 朗 朗 朗 朗 朗 朗

班								
나눌 반								

班 班 班 班 班 班 班 班 班

俳								
배우 배								

俳 俳 俳 俳 俳 俳 俳 俳 俳

秘								
숨길 비								

秘 秘 秘 秘 秘 秘 秘 秘 秘

射								
쏠 사								

射 射 射 射 射 身 身 射 射

純								
순수할 순								

純 純 純 純 純 純 純 純 純

蚕									
누에 잠	一 二 天 天 天 吞 吞 蚕 蚕								
将									
장수 장	丬 丬 丬 拧 护 将 将 将 将								
展									
펼 전	尸 尸 尸 尸 尸 屏 屏 屏 展 展								
除									
덜 제	阝 阝 阝 阾 阹 险 除 除 除								
從									
좇을 종	彳 彳 彳 衤 彳' 衍 衍 徉 從 從								
座									
자리 좌	广 广 广 广 庐 庐 座 座 座 座								
株									
그루 주	十 十 才 朴 朴 柝 柝 杵 株 株								
値									
값 치	亻 亻 仁 仹 佔 佔 佔 值 値								
針									
바늘 침	人 人 人 全 金 金 金 金 針								
討									
칠 토	計 計 言 言 言 言 計 計 討								

49

陛								
대궐섬돌 폐	陛 陛 陛 陛 陛 陛 陛 陛 陛							
胸								
가슴 흉	胸 胸 胸 胸 胸 胸 胸 胸 胸 胸							
腦								
골/뇌수 뇌	腦 腦 腦 腦 腦 腦 腦 腦 腦 腦							
密								
빽빽할 밀	密 密 密 密 密 密 密 密 密 密							
訪								
찾을 방	訪 訪 訪 訪 訪 訪 訪 訪 訪 訪							
捨								
버릴 사	捨 捨 捨 捨 捨 捨 捨 捨 捨 捨							
盛								
성할 성	盛 盛 盛 盛 盛 盛 盛 盛 盛 盛							
視								
볼 시	視 視 視 視 視 視 視 視 視 視							
域								
지경 역	域 域 域 域 域 域 域 域 域 域							
訳								
번역할 역	訳 訳 訳 訳 訳 訳 訳 訳 訳 訳							

欲								
하고자할 역 ⟨ 人 公 父 谷 谷 谷 谷 欲 欲								
郵								
우편 우 ⟨ ⟨ ⟨ ⟨ 垂 垂 垂 垂 郵 郵								
異								
다를 이 ⟨ 口 四 田 田 甲 里 里 異 異								
翌								
다음날 익 ⟨ ⟨ 犭 犭 犭 羽 羽 翌 翌 翌								
著								
나타날 저 一 丁 丁 丁 丁 丁 芋 著 著 著								
頂								
정수리 정 一 丁 丁 丁 丁 頂 頂 頂 頂 頂								
濟								
건널 제 ⟨ ⟨ 汀 汀 汴 浐 浐 浐 浐 濟								
探								
찾을 탐 一 十 扌 扌 扩 抨 抨 抨 探 探								
窓								
창 창 ⟨ ⟨ 宀 宀 空 空 窓 窓 窓 窓								
推								
밀 추 一 十 扌 扩 扩 扩 护 推 推 推								

閉								
닫을 폐 丨 丨 丨 丨 丨 門 門 門 閂 閉 閉								
鄕								
시골 향 乡 乡 乡 纟 纟 纟 绲 绲 绲 绲 鄕 鄕								
貴								
귀할 귀 丨 口 口 中 書 書 書 貴 貴 貴 貴 貴								
敬								
공경 경 丶 攵 艻 广 芍 芍 芍 苟 苟 敬 敬 敬 敬								
勤								
부지런할 근 艻 艻 艻 艻 芋 芋 芋 堇 堇 堇 勤 勤								
筋								
힘줄 근 丿 丿 竹 竹 竹 筋 筋 筋 筋 筋 筋 筋								
晩								
늦을 만 丨 冂 日 日 日 旷 昨 睁 晚 睁 晩 晩								
補								
기울 보 丶 丬 衤 衤 衤 衤 衤 衻 衻 補 補 補								
棒								
막대 봉 一 十 才 木 朴 棒 棒 棒 棒 棒 棒 棒								
詞								
말/글 사 訁 訁 訁 訁 訁 訁 詞 詞 詞 詞 詞 詞								

善								
착할 선	丶 丷 丷 芒 芏 羊 羊 羊 盖 盖 善 善							
裝								
꾸밀 장	丬 丬 爿 壯 壯 壯 壯 裝 裝 裝 裝 裝							
裁								
옷마를 재	一 十 土 寺 寺 圭 才 表 裁 裁 裁							
尊								
높을 존	丶 丷 丷 丷 酉 酋 酋 酋 酋 尊 尊							
衆								
무리 중	丿 亻 血 血 血 血 衆 衆 衆 衆 衆							
創								
비롯할 창	丿 人 人 今 今 今 令 侖 倉 倉 倉 創							
策								
꾀 책	丿 𠂉 𥫗 𥫗 竺 竺 竺 竺 箁 笧 策 策							
就								
나아갈 취	丶 亠 亠 亠 京 京 京 京 尌 就 就							
痛								
아플 통	丶 亠 广 广 广 疒 疒 疒 病 病 病 痛							
割								
벨 할	丶 丷 宀 宀 宁 宝 宝 害 害 害 割							

揮									
휘두를 휘	一 十 扌 扌 扩 扩 扩 捐 揎 揎 揮								
暖									
따뜻할 난	丨 冂 日 日 旷 旷 旷 旷 暚 暖 暖 暖								
傷									
다칠 상	丿 亻 亻 仵 仵 侮 倬 傷 傷 傷 傷 傷								
絹									
비단 견	幺 幺 糸 糸 糸 糿 絎 絹 絹 絹 絹 絹								
裏									
속 리	一 亠 亠 市 市 重 重 重 重 裏 裏 裏 裏								
幕									
장막 막	一 艹 艹 艹 芦 苗 苗 苜 莫 莫 幕 幕 幕								
盟									
맹세 맹	丨 冂 日 日 明 明 明 明 盟 盟 盟 盟 盟								
腹									
배 복	丿 冂 月 月 肝 胪 胪 胪 胪 胪 胪 腹 腹								
署									
마을/관청 서	丶 冂 罒 罒 罒 罒 罗 罗 罗 署 署 署								
聖									
성인 성	一 丆 丆 耳 耳 耵 耵 耵 聖 聖 聖								

誠									
정성 성	誠 誠 誠 誠 誠 誠 誠 訪 訪 誠 誠 誠								
源									
근원 원	源 源 氵 氵 沪 沪 沪 沪 沪 源 源 源 源								
賃									
품삯 임	亻 亻 亻 任 任 賃 賃 賃 賃 賃 賃 賃								
蒸									
찔 증	一 十 艹 艹 芋 芋 莁 茨 荥 蒸 蒸 蒸 蒸								
閣									
집 각	丨 冂 冂 冃 冃 門 門 門 閂 閁 閣 閣 閣 閣								
穀									
곡식 곡	一 十 士 吉 吉 吉 声 壳 素 素 穀 穀 穀								
模									
본뜰 모	一 十 才 木 木 桍 栉 棒 模 模 模 模 模 模								
暮									
저물 모	一 十 艹 艹 芇 苣 苴 苴 草 莫 莫 幕 幕 暮								
誤									
그르칠 오	誤 誤 言 言 訂 訂 訳 誤 誤 誤 誤 誤 誤								
疑									
의심할 의	丶 匕 牟 半 半 矣 矣 矣 疑 疑 疑 疑 疑								

認								
알 인	認認認認認認認認認認認認							

磁								
자석 자	磁磁磁磁磁磁磁磁磁磁磁磁磁磁							

障								
막을 장	障障障障障障障障障障障障障障							

誌								
기록할 지	誌誌誌誌誌誌誌誌誌誌誌誌誌							

層								
층 층	層層層層層層層層層層層層層							

56

論								
논할 론	論論論論論論論論論論論論論論							

蔵								
감출 장	蔵蔵蔵蔵蔵蔵蔵蔵蔵蔵蔵蔵蔵蔵							

潮								
밀물/조수 조	潮潮潮潮潮潮潮潮潮潮潮潮潮潮							

誕								
낳을/거짓 탄	誕誕誕誕誕誕誕誕誕誕誕誕誕							

権								
권세 권	権権権権権権権権権権権権権権							

劇									
심할 극	劇 劇 虍 虍 虍 虍 虍 虖 虖 虜 虜 虜 虜 劇								
熟									
익을 숙	熟 熟 亨 孰 孰 孰 熟 熟								
遺									
남길 유	遺 遺 遺 虫 書 書 書 書 書 貴 貴 貴 遺 遺								
諸									
모두 제	諸 諸 諸 諸 諸 諸 諸 諸 諸 諸 諸 諸 諸 諸 諸								
鋼									
강철 강	鋼 亻 鋼 鋼 牟 鋼 鋼 鋼 釘 釘 鋼 鋼 鋼 鋼 鋼								
激									
격할 격	激 激 沒 激 激 沒 沒 激 渼 湾 湾 激 激 激 激								
糖									
엿 당	糖 糖 半 米 米 米 粒 粒 粕 粕 糖 糖 糖 糖								
樹									
나무 수	一 十 才 木 木 村 村 桔 桔 桔 桔 桔 桔 桔 樹 樹								
奮									
떨칠 분	一 六 六 衣 衣 本 本 本 奎 奎 奮 奮 奮 奮 奮								
操									
잡을 조	操 操 操 操 操 操 操 操 操 操 操 操 操 操								

57

縱									
세로 종	纟幺幺糸糹糹糹終給給給縦縦縦縦縦								
憲									
법 헌	宀宀宀宀宀宀宀宀宀宀宀宀宀宀憲憲憲									
覽									
볼 람	丨丨丨丨丨丨丨覽覽覽覽覽覽覽覽覽									
嚴									
엄할 엄	嚴嚴嚴嚴嚴嚴嚴嚴嚴嚴嚴嚴嚴嚴嚴									
優									
넉넉할 우	亻優優優優優優優優優優優優									
縮									
줄일 축	纟幺幺糸糹糹終終給給縮縮縮縮縮縮									
簡									
대쪽/간략할 간	簡簡簡簡簡簡簡簡簡簡簡簡簡簡簡簡簡									
難									
어려울 난	難難難難芇芇芇莄莄蓂蓂難難難難難難									
臨									
임할 림	丨丨丨丨丨丨丨丨臨臨臨臨臨臨臨臨臨臨									
警									
깨우칠 경	警警警警芍芍苟苟敬敬敬敬警警警警警									

58

臟									
오장 장	丿 刀 月 月 肝 肝 臓 臓 臓 臓 臓 臓 臓 臓 臓 臓 臟 臟 臟								

価		價	
값 가	価 価 価 価 価 価 価	값 가	價 價 價 價 價 價 價 價 價
仮		假	
거짓 가	仮 仮 仮 仮 仮 仮	거짓 가	假 假 假 假 假 假 假 假 假
覚		覺	
깨달을 각	覚 覚 覚 覚 覚 覚 覚 覚 覚 覚	깨달을 각	覺 覺 覺 覺 覺 覺 覺 覺 覺 覺
欠		缺	
이지러질 결	欠 欠 欠 欠	이지러질 결	缺 缺 缺 缺 缺 缺 缺 缺 缺 缺
観		觀	
볼 관	観 観 観 観 観 観 観 観 観 観	볼 관	觀 觀 觀 觀 觀 觀 觀 觀 觀 觀 觀 觀 觀 觀
関		關	
관계할 관	関 関 関 関 関 関 関 関 関 関 関	관계할 관	關 關 關 關 關 關 關 關 關 關 關 關 關 關
旧		舊	
예 구	旧 旧 旧 旧 旧	예 구	舊 舊 舊 舊 舊 舊 舊 舊 舊 舊 舊 舊
権		權	
권세 권	権 権 権 権 権 権 権 権 権	권세 권	權 權 權 權 權 權 權 權 權 權
脳		腦	
골/뇌수 뇌	脳 脳 脳 脳 脳 脳 脳 脳 脳 脳	골/뇌수 뇌	腦 腦 腦 腦 腦 腦 腦
覧		覽	
볼 람	覧 覧 覧 覧 覧 覧 覧 覧 覧 覧	볼 람	覽 覽 覽 覽 覽 覽 覽 覽 覽 覽 覽

60

労							勞						
일할 로	労 労 労 労 労 労 労						일할 로	兴 労 労 労 労 労 労 労 勞 勞					
録							錄						
기록할 록	録 録 録 録 録 録 録 録 録 録						기록할 록	錄 錄 錄 錄 錄 錄 錄 錄					
断							斷						
끊을 단	一 十 木 朱 朱 米 迷 断 断 断 断						끊을 단	斷 斷 斷 斷 斷 斷 斷 斷 斷					
単							單						
홀 단	単 単 単 単 単 単 単 単 単						홀 단	單 單 單 單 單 單 單 單					
徳							德						
큰 덕	彳 彳 彳 徳 徳 徳 徳 徳 徳 徳 徳						큰 덕	彳 彳 彳 德 德 德 德 德 德 德 德					
独							獨						
홀로 독	独 独 独 独 独 独 独 独 独						홀로 독	獨 獨 獨 獨 獨 獨 獨 獨 獨 獨 獨					
満							滿						
찰 만	満 満 満 満 満 満 満 満 満 満 満						찰 만	滿 滿 滿 滿 滿 滿 滿 滿 滿 滿 滿					
変							變						
변할 변	変 変 変 変 変 変 変 変 変						변할 변	變 變 變 變 變 變 變 變 變 變 變 變 變 變					
並							竝						
나란히 병	並 並 並 並 並 並 並 並						나란히 병	竝 竝 竝 竝 竝 竝 竝 竝					
宝							寶						
보배 보	宝 宝 宝 宝 宝 宝 宝 宝						보배 보	寶 寶 寶 寶 寶 寶 寶 寶 寶 寶					

仏					佛				
부처 불	ノ イ 仏 仏				부처 불	ノ イ 仁 仔 佛 佛			
辞					辭				
말씀 사	舌 舌 舌 舌 舌 舌 辞 辞 辞 辞				말씀 사	舌 舌 舌 舌 舌 舌 辭 辭 辭 辭			
說					說				
말씀 설	言 言 言 言 言 言 說 說 說 說				말씀 설	言 言 言 言 言 言 說 說 說 說			
属					屬				
붙일 속	尸 尸 尸 尸 尽 尽 属 属 属 属				붙일 속	尸 尸 尸 屬 屬 屬 屬 屬 屬 屬 屬 屬			
続					續				
이을 속	糸 糸 糸 糸 糸 続 続 続 続 続				이을 속	糸 糸 糸 糸 糸 糸 續 續 續 續 續			
収					收				
거둘 수	丨 丬 収 収				거둘 수	丨 丬 收 收 收 收			
児					兒				
아이 아	旧 旧 旧 児 児 児 児				아이 아	白 白 白 白 臼 兒 兒			
圧					壓				
누를 압	圧 厂 厂 圧 圧				누를 압	厂 厂 厈 厈 厈 厭 厭 厭 壓 壓 壓			
厳					嚴				
엄할 엄	严 严 严 严 严 厳 厳 厳 厳 厳				엄할 엄	罒 罒 严 严 严 严 严 嚴 嚴 嚴 嚴 嚴 嚴			
余					餘				
남을 여	余 余 余 余 余 余 余				남을 여	人 今 今 今 食 食 食 飠 飠 飠 餘 餘 餘			

62

営				營			
경영할 영	⺍ ⺍ 営 営 営 営 営 営 営 営			경영할 영	⺍ ⺍ ⺍ ⺍ 炏 炏 炏 炏 熒 熒 熒 營 營 營		
栄				榮			
영화 영	⺍ ⺍ ⺍ ⺍ 学 学 栄 栄			영화 영	⺍ ⺍ ⺍ 炏 炏 炏 炏 榮 榮 榮		
芸				藝			
재주 예	一 艹 芏 芏 芸 芸 芸			재주 예	艹 艹 莉 莉 莉 莉 蓺 蓺 蓺 蓺 藝 藝 藝		
囲				圍			
에워쌀 위	丨 冂 厈 囝 用 用 囲			에워쌀 위	冂 冂 冎 圓 圍 圍 圍 圍 圍 圍 圍		
応				應			
응할 응	丶 亠 广 广 応 応 応			응할 응	庁 庁 庁 庀 庀 庵 雁 雁 應 應 應		
残				殘			
남을 잔	一 丆 歹 歹 歼 歼 残 残 残 残			남을 잔	丆 歹 歹 歼 歼 殘 殘 殘 殘 殘 殘		
雑				雜			
섞일 잡	九 杂 杂 杂 剎 剎 新 新 雑 雑 雑			섞일 잡	六 六 杂 杂 杂 新 新 新 新 雜 雜 雜		
争				爭			
다툴 쟁	𠂇 𠂊 𠂤 争 争			다툴 쟁	𠂇 𠂊 𠂤 𠂤 爭 爭 爭 爭		
戦				戰			
싸움 전	⺍ ⺍ 肖 肖 畄 単 単 戦 戦 戦			싸움 전	吅 吅 唑 睅 畕 單 單 單 戰 戰 戰		
伝				傳			
전할 전	⺅ 亻 仁 仁 伝 伝			전할 전	亻 仃 俥 俥 俥 俥 傳 傳 傳 傳		

63

静										靜									
고요할 정	靜	靑	靑	靑	靑	靜	靜	靜	静	고요할 정	靑	靑	靑	靑	靑	靜	靜	靜	靜
從										從									
따를 종	從	彳	从	彺	從	徉	徉	從	從	따를 종	從	彳	从	從	從	從	徉	從	從
増										增									
더할 증	増	増	増	増	増	増	増	増	増	더할 증	增	增	增	增	增	增	增	增	增
証										證									
증거 증	証	証	証	証	証	証	訂	証	証	증거 증	證	証	證	證	證	證	證	證	證
參										參									
참여할 참	厽	参	叁	矣	矣	矣	參	參		참여할 참	参	参	参	参	参	矣	矣	叅	參
浅										淺									
얕을 천	浅	浅	浅	氵	氵	汻	浅	浅	浅	얕을 천	淺	浅	淺	淺	淺	淺	淺	淺	
厅										廳									
관청 청	厅	广	广	庁	庁					관청 청	廳	廳	廳	廳	廳	廳	廳	廳	廳
清										清									
맑을 청	清	清	清	清	清	清	清	清	清	맑을 청	清	清	清	清	清	清	清	清	清
驗										驗									
증험할 험	馬	馬	馬	駘	駘	驗	驗	驗	驗	증험할 험	馬	馬	駘	駘	驗	驗	驗	驗	
険										險									
험할 험	険	険	険	険	険	険	険	険	険	험할 험	險	險	險	險	險	險	險	險